Weitere Titel siehe letzte Seite.

Ein WAS IST WAS Buch

Fahnen und Flaggen

Von Hans Reichardt und Harry D. Schurdel

Illustrationen von Anne-Lies Ihme, Peter Klaucke, Frank Kliemt, Gerd Werner und Luise Wulff

Hartmann von Aue, deutscher Dichter um 1200, mit Fahne und Wappen. Aus der Großen Heidelberger Liederhandschrift, um 1320.

Tessloff Verlag

Vorwort

Seit Jahrtausenden sind Fahnen und Flaggen auf das engste mit der Geschichte, vor allem der kriegerischen Geschichte der Menschheit verbunden. Was immer in der Vergangenheit an großen historischen Ereignissen geschah – Fahnen und Flaggen waren immer dabei: Als Caesar in Germanien eindrang, wehte seinen Legionen das Vexillum, die Urform der heutigen Flaggen, voran; die Kreuzritter folgten einer vom Papst geweihten Fahne in das Heilige Land; und als Napoleon in der Völkerschlacht bei Leipzig seine entscheidende Niederlage erlitt, war eine seiner größten Sorgen, seine Fahne unbeschadet nach Paris zu retten.

Auch in Friedenszeiten geschah nichts ohne Fahnen und Flaggen: Sie wurden Kaisern und Königen vorangetragen, sie deckten die Särge berühmter Staatsmänner und Feldherren, und wenn irgendwo auf der Erde ein neues Land oder eine neue Insel entdeckt wurde, pflanzten die Besetzer als erstes und wichtigstes – zum Zeichen der Besitznahme – die Flagge ihres Königs auf. Und schließlich werden noch heute Fahnen und Flaggen verbrannt, wenn eine aufgebrachte Menschenmenge ihren Haß auf einen Staat, eine Partei oder eine andere Organisation ausdrücken will.

Dieses WAS IST WAS-Buch behandelt die Geschichte der Fahnen und Flaggen. Der junge Leser erfährt, wie die Nationalflaggen in Form und Farbe aus der Geschichte ihres Landes heraus entstanden sind, wie sie aber andererseits auch oft die Entwicklung beeinflußten, wie sie also selber „Geschichte machten".

In einem Sonderteil werden die Nationalflaggen aller 192 unabhängigen Staaten unserer Erde gezeigt.

WAS IST WAS, Band 75

Dieses Buch ist auf chlorfrei gebleichtem Papier gedruckt.

Bildquellennachweis:
Archiv für Kunst und Geschichte, Berlin: S. 16 u, S. 20 o, S. 21, S. 25 o;
Bundeszentrale für politische Bildung, Bonn: S. 12 u; Deutsches Rotes Kreuz: S. 23;
Deutsche Presse-Agentur, Frankfurt/Main: S. 14 o, S. 14 u; NASA: S. 25 u;
Hans Reichardt, Hamburg: S. 1, S. 6 o, S. 6 u, S. 7, S. 8 o, S. 22, S. 24, S. 28 o, S. 31 o, S. 31 u.
Illustrationen:
Anne-Lies Ihme: S. 8 u, S. 11, S. 13, S. 15, S. 16 o, S. 17, S. 20 u, S. 27, S. 28 u, S. 29;
Frank Kliemt: S. 9, S. 12 o; Gerd Werner: S. 4, S. 5, S. 10, S. 18, S. 26, S. 30, S. 32; Luise Wulff: S. 19.
Illustrationen Flaggenteil ab Seite 33: Anne-Lies Ihme (Flaggen),
Frank Kliemt (Flaggen, Karten S. 34, S. 37, S. 38, S. 42, S. 45, S. 48), Peter Klaucke (S. 41, S. 44).
Umschlagillustrationen: Anne-Lies Ihme, Hans Reichardt, Gerd Werner.

Redaktionsschluß: Juni 2000

ISBN 3-7886-0415-8

Inhalt

Das Vexillum, das hier einem siegreichen Feldherrn bei seinem Triumphzug vorangetragen wird, war das einzige Feldzeichen der römischen Armee, das unter der Figur an der Stangenspitze auch eine Art Fahne hatte. Es gilt daher als Vorläufer der heutigen Fahnen und Flaggen.

Wie Fahnen und Flaggen entstanden

Wozu dienten Fahnen?

Soweit man auch die Geschichte der Menschheit zurückverfolgt – immer und überall stößt man auf Zeichen und Symbole, die unsere Vorfahren erfunden oder entwickelt haben, um sich miteinander zu verständigen und um ihre Zusammengehörigkeit in ein und demselben Stamm oder Volk auszudrücken.
Solch ein Zeichen der Zusammengehörigkeit ist die Fahne. Sie war – und ist noch heute – das Symbol eines Volkes: Die erste feierliche Amtshandlung, die ein neugegründeter Staat vornimmt, ist immer das Hissen der Nationalflagge.
Die Fahne gilt auch als Symbol der Ehre und der Treue. Wenn ein Krieg ausbrach, wurden die Männer „zu den Fahnen" gerufen, und sie leisteten den Fahneneid, also den Eid auf den Staat, den sie verteidigen sollten. Es war eine besondere Ehre, die Fahne im Kampf tragen zu dürfen, und als größte Ruhmestat galt, eine feindliche Fahne zu erobern. Ebenso aber war es die größte Schande, die eigene Fahne an den Feind zu verlieren.

Was waren die Vorläufer der Fahnen?

Die Entstehungsgeschichte der Fahnen geht bis in die Anfänge der Menschheit zurück. Ihr Ursprung – so glaubt man heute – liegt bei den Tierbildern, die unsere Ahnen vor 30 000 Jahren an die Höhlenwände malten –, vielleicht, weil sie die dargestellten Tiere als Gottheiten verehrten, oder um von den Göttern das Jagdglück zu erflehen.
Später gingen manche Familien und mancher Stamm dazu über, die Abbildung eines Tieres als Stammeszeichen zu verwenden. Das Zeichen wurde an die Hauswände und über den Hauseingang gemalt, oder man schnitzte eine entsprechende Tierfigur aus Holz oder Stein. Im Kampf führten die Männer es als Feldzeichen mit sich – oft an der Spitze einer langen Stange. Das versprach nicht nur den Segen der Götter, sondern war auch praktisch: Wenn ein Krieger während des Kampfes von seinem Trupp abgedrängt wurde, konnte er an der hochragenden Stange und dem daran befestigten Zeichen sehen, wo sich seine Kameraden befanden.
Dieser Brauch blieb bis in die geschichtliche Zeit, bis in das Altertum, erhalten. Das Wappentier der ägyptischen Könige war vor 5000 Jahren der Falke; der Pharao galt als Verkörperung des Falkengottes Horus, der Falke wurde als heiliger Vogel verehrt. So bestanden die Feldzeichen der ägyptischen Soldaten auf ihren Feldzügen aus langen Stangen, an deren oberem Ende eine Nachbildung des göttlichen Vogels angebracht war. Spätere Pharaonen ließen nicht mehr den ganzen Vogel, sondern nur noch einige Falkenfedern an den Stangen befestigen, und schließlich kam zu den Federn noch ein langes Band, das im Winde flatterte. Wahrscheinlich hatte dieser Stoffwimpel keine religiöse Bedeutung, sondern sollte nur dem Feldherrn das Erkennen der eigenen Truppen im Kampf erleichtern. Außerdem sah es hübsch aus.
Der Gebrauch solcher Feldzeichen bürgerte sich überall schnell ein. Assyrische Soldaten trugen an der Spitze einer langen Stange eine Scheibe, auf die ein Stier oder zwei an den Hörnern zusammengebundene Stiere gemalt waren. Auch die Griechen hatten Tiere, die jeweils ein Volk oder einen Staat symbolisierten: Die Eule stand für Athen, ein springendes Pferd für Korinth, ein Stier für Böotien.
Die Römer übernahmen diese Sitte. An den „Signum" genannten Feldzeichen des römischen Heeres und seiner Soldaten flatterten Tigerschwänze, dünne Metallstreifen und sogar kleine Windsäcke. Im Jahr 104 v. Chr. verfügte Konsul Marius, daß der Adler – als Wappentier aus Asien über Persien und Griechenland nach Rom gekommen – als Legionszeichen an der Stange angebracht werden sollte.

Schon vor Jahrtausenden führten die Männer bei ihren Kämpfen lange Stangen mit sich, an deren Spitzen Tierschädel oder die Nachbildungen ganzer Tiere wie Adler oder Löwen befestigt waren.

Dieses steinerne Relief aus der Zeit um 3200 v. Chr. zeigt den ägyptischen König Narmer mit fünf enthaupteten Feinden, vor Narmer die Feldzeichen einiger ägyptischer Provinzen.

Was ist ein Vexillum?

Später führten die Römer das „Vexillum“ ein. Das war wieder eine lange Stange, an deren Spitze jedoch ein viereckiges Tuch flatterte. Rot war die Farbe der römischen Kaiser und später auch die Farbe der Kommandanten der römischen Legionen.

Das Vexillum – nach der die heutige Wissenschaft von den Fahnen und Flaggen „Vexillologie“ genannt wird – war also die erste Fahne im Abendland. Aber es war genaugenommen noch keine richtige Fahne. Das Tuch war nicht, wie wir es heute kennen, direkt an einer Stange befestigt, sondern hing an einem kleinen Querholz senkrecht herab.

Die erste Fahne tauchte um 100 v. Chr. in China auf. Der Brauch, Feldzeichen mit langen Wimpeln zu versehen, hatte sich offenbar über Ägypten und Indien bis in den Fernen Osten verbreitet. Im „Reich der Mitte“ erhielten sie eine andere Form: ein viereckiges Stück weißer Seide, das an einer Stange befestigt war und den chinesischen Kaisern vorangetragen wurde.

Dem dicken festen Tuch des Vexillum gegenüber hatte die chinesische Seide große Vorteile: Das damals in Europa noch völlig unbekannte Material ist leicht und doch haltbar, es läßt sich besser bemalen, und schon bei leichtem Wind flattert und bewegt sich das Tuch, was die aufgemalten Farben und Figuren lebendiger und ausdrucksvoller macht. Und zum erstenmal in der Geschichte der Fahnen war das Tuch nicht mehr an einem Querholz, sondern mit einer Kante direkt an der Stange befestigt.

Solche Fahnen gab es nicht nur bei der chinesischen Armee; man sieht sie – auf alten chinesischen Tuschezeichnungen – auch in Tempeln und auf religiösen Prozessionen.

Wie kam die Fahne als Feldzeichen nach Europa?

Nun breitete sich der Brauch, unter längs befestigten Fahnen in den Krieg zu ziehen, schnell über die ganze damals bekannte Welt aus. Als erste übernahmen ihn die Araber:

Fähnrich Hans von Sachsen; kolorierter Holzschnitt des Nürnberger Graphikers Virgil Solis, 1550.

Mohammed (570–632), der Begründer des Islams, führte in seinen Kriegen eine schwarze Fahne mit – schwarz, weil der Eingang zum Zelt seiner Lieblingsfrau angeblich mit einer schwarzen Decke verhängt war. Später trat an die Stelle von Schwarz Grün als Farbe des Propheten.

Auf ihren Kreuzzügen in das Heilige Land vom 11. bis 13. Jahrhundert lernten die europäischen Ritter diesen arabischen Brauch kennen. Und als sie in ihre Burgen und Schlösser zurückkehrten, tauchten nun auch überall in Europa Fahnen auf: Sie flatterten an den Spitzen von Speeren und Lanzen, sie wehten auf Schiffen, über Häusern und Städten, und auch der kleinste europäische Fürst ließ sich eine eigene Fahne, meist mit einem Wappen verziert, entwerfen.

Noch 1914, zu Beginn des Ersten Weltkriegs, zogen die Heere auf beiden Seiten unter ihren Fahnen ins Feld; erst als die Soldaten nicht mehr vorwärts stürmten, sondern sich verbissen in ihren Schützengräben verteidigten, wurden die Fahnen in die heimatlichen Garnisonen gebracht. Seither hat die Fahne zumindest im militärischen Gebrauch viel von ihrer Bedeutung verloren.

In gewolltem Gegensatz zu den reichverzierten Fahnen und Bannern der Edelleute wählten die südwestdeutschen Bauernbünde, die sich 1493 gegen den Adel erhoben, den Bundschuh, ein um den Fuß gewickeltes Stück Leder, zu ihrem Feldzeichen. Der Aufstand wurde 1525 blutig niedergeschlagen.

Was ist der Unterschied zwischen Fahne und Flagge?

Heutige „Vexillologen" (Fahnenkundler) unterscheiden zwischen Fahnen und Flaggen. Eine Fahne ist ein mit Symbolen oder Schriftzügen bemaltes, bedrucktes oder besticktes Tuch, das unmittelbar am Fahnenstock befestigt ist. Jede Fahne ist nur einmal vorhanden, ein Schützenverein zum Beispiel hat nur eine einzige, sorgsam verwahrte Fahne.

Eine Flagge dagegen ist Massenware. Sie besteht aus einem drei- oder viereckigen, meist mehrfarbigen Tuch, das auch Symbole oder Schriftzüge zeigen kann. Flaggen sind nicht direkt am Flaggenstock befestigt, sondern werden mit einer Leine aufgezogen. Sie können also gehißt und niedergeholt werden. Im Gegensatz zur Fahne können Flaggen jederzeit durch gleichaussehende Stücke ersetzt werden.

Zu den Fahnen und Flaggen gehören weiterhin Standarten, Banner und Wimpel. Standarten waren im Mittelalter fahnen- oder wimpelartige, an einer Stange befestigte Feldzeichen, die oft mit Tierbildern geschmückt waren. Um die Standarte sammelte sich das Heer, sie war

Im 2. Schlesischen Krieg besiegte der Preußenkönig Friedrich II. am 4. Juni 1745 bei Hohenfriedberg die Österreicher und Sachsen. Auf diesem zeitgenössischen Gemälde führen Dragoner dem König 66 in der Schlacht eroberte Fahnen vor.

aber auch ein Zeichen, das seinem Besitzer, seiner Sippe und seinem Stamm in Krieg und Frieden Heil, dem Feinde dagegen Unheil verkünden sollte. Standarten blieben bis ins 20. Jahrhundert als Fahnen berittener Truppen, dann als Hoheitsabzeichen von Staatsoberhäuptern zum Beispiel an Kraftfahrzeugen.

Banner sind rechteckige Fahnen, die das Wappen des Bannerherrn zeigten. Wie das römische Vexillum sind sie nicht am Fahnenmast, sondern an einem kleineren Stab befestigt und hängen senkrecht herab. Im Mittelalter dienten sie als Feld- und Hoheitszeichen. Wimpel nennt man schließlich kleine, meist rechteckige Flaggen, die früher an der Spitze der Lanzen von Reitern wehten; heute werden sie vor allem als Signal- oder Kommandozeichen gebraucht.

Welche Arten von Flaggen gibt es?

Flaggen werden meistens von Behörden, Firmen, Organisationen und auf Schiffen verwendet. Man unterscheidet Nationalflaggen, Handelsflaggen, Dienst- und Kriegsflaggen. Auf Schiffen gibt es ferner Reederei-, Signal- und Erkennungsflaggen.

Die Nationalflagge ist das sichtbare Symbol eines Staates und sein Hoheitszeichen. Jeder Bürger des Staates darf die Nationalflagge verwenden, wann und wo es ihm beliebt. Sie wird vor allem vor und auf Gebäuden wie Ministerien usw. zu bestimmten Gelegenheiten gehißt.

Die Handelsflagge ist meist mit der Nationalflagge identisch. Jedes im internationalen Schiffsregister eingetragene Handelsschiff muß diese Flagge am Heck oder an der Gaffel, einer am hinteren Mast befestigten, schräg nach oben weisenden Stange, führen, wenn das Schiff zum Beispiel in einen fremden Ha-

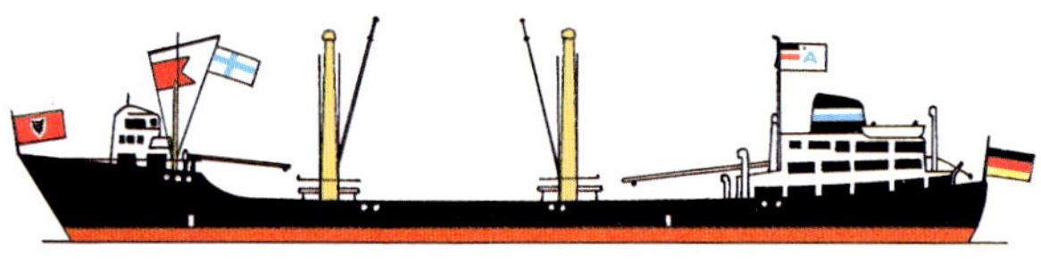

Im Hafen und in fremden Gewässern führt ein Handelsschiff am Bug die Flagge des Heimathafens, am vorderen Mast backbord (= links) – wenn nötig – eine Signalflagge, steuerbord (= rechts) die Flagge des Gastlandes, am hinteren Mast die Reederei- und am Heck die eigene Nationalflagge.

fen einläuft. Gleichzeitig setzt das Schiff, als Ausdruck der Höflichkeit, am vorderen Mast die Flagge des Gastlandes.
Dienstflaggen werden nur vor oder auf staatlichen Gebäuden gezeigt. Meist sind es die Nationalflaggen, auf denen zusätzlich das Staatswappen oder ein anderes Hoheitszeichen zu sehen ist.
Kriegsflaggen sind die Flaggen, die an militärischen Einrichtungen und auf Kriegsschiffen wehen. Auch hier sind es meist die Nationalflaggen in besonderer Gestaltung.
Reedereiflaggen sind Firmenflaggen, die auf den Besitzer des Schiffes hinweisen. Signalflaggen werden auf See zur Verständigung von Schiff zu Schiff benutzt.
Darüber hinaus haben auch viele große Organisationen eigene Flaggen, zum Beispiel die Vereinten Nationen, der Europarat, das Rote Kreuz und der Rote Halbmond. Auch die christlichen Kirchen haben eigene Flaggen. Die katholische Kirche hat die gelb-weiße Flagge des früheren Kirchenstaates übernommen, die Flagge der Protestanten ist weiß mit einem violetten Kreuz. Diese Flaggen wehen an hohen christlichen Feiertagen und zu anderen wichtigen Gelegenheiten oft von den Kirchen und anderen der Kirche gehörenden Gebäuden.

Die wichtigsten Signalflaggen auf Schiffen

Wann und wie wird geflaggt?

In allen Ländern regeln Bräuche und Gesetze, an welchen Tagen und zu welchen Anlässen geflaggt wird. Dazu gehören Nationalfeiertage, historische und religiöse Gedenk- und Festtage sowie Trauertage. Geflaggt wird nur von Sonnenaufgang bis Sonnenuntergang.
An Trauertagen wird halbmast geflaggt. Dabei wird die Flagge erst zum oberen Ende des Flaggstocks gezogen und dann auf etwa halbe Höhe zurückgesetzt. Dieser Brauch geht auf das 17. Jahrhundert zurück. Damals blieb – zum Beispiel beim Tod eines Königs – der Raum oberhalb der halbmast gesetzten Flagge symbolisch dem unsichtbaren Banner des Todes vorbehalten.

Bei seiner Kaiserkrönung in Rom (800) verlieh Papst Leo III. Karl dem Großen eine rote Fahne mit sechs Blüten. Auf den Toren seiner Pfalze zeugten überdies goldene Adler von des Kaisers Macht.

Auf den folgenden Seiten werden die Geschichten einiger Nationalflaggen erzählt. Es sind solche, die besonders eng mit der Geschichte ihres Landes zusammenhängen oder dabei eine bedeutende Rolle gespielt haben.

Deutschland: Fünf Flaggen in 100 Jahren

Was sind die deutschen Farben?

Bis zur Wiedervereinigung 1990 bestand Deutschland über vier Jahrzehnte (seit 1949) aus zwei getrennten Staaten, der Bundesrepublik Deutschland (BRD) und der Deutschen Demokratischen Republik (DDR). Beide Länder führten in ihren jeweiligen Nationalflaggen die Farben Schwarz-Rot-Gold (Gelb). Die DDR hatte zusätzlich in das Tuch ihr Staatsemblem gesetzt.

Schon Karl der Große (768 – 814), dessen Kaiserreich sich über weite Gebiete Mittel-, West- und Südeuropas erstreckte, führte eine rote Fahne, von den Zinnen seiner Pfalze (kaiserliche

Wohnsitze) blickten goldene Adler weit über das Land. Ein weiteres Symbol seines Reiches war ein weißes Kreuz auf rotem Grund als Zeichen des Christentums und der kaiserlichen Herrschaft von Gottes Gnaden. Eine Nationalflagge kannte dieses Reich jedoch nicht; Nationalflaggen sind erst eine „Erfindung" des späten 18. und frühen 19. Jahrhunderts.
Unter Karls Enkeln brach das Riesenreich auseinander. König Ludwig der Deutsche (804–876) erhielt im Vertrag von Verdun 843 das Land östlich des Rheins und der Aare als „Ostfränkisches Reich" zugesprochen. Dieses Reich zerfiel jedoch gegen Ende des Mittelalters. Die einzelnen Landesfürsten konnten ihre Rechte und Befugnisse weiter und weiter ausdehnen, so daß die Macht der späteren Könige und Kaiser immer geringer wurde.
Dieses „Heilige Römische Reich Deutscher Nation" bestand rund 1000 Jahre. Am 6. August 1806 legte Kaiser Franz II. unter dem Druck Napoleons die Kaiserkrone nieder, nachdem er schon zwei Jahre vorher den Titel „Kaiser von Österreich" angenommen hatte. Das ehemalige Reich war in eine Vielzahl von selbständigen Königreichen und anderen Fürstentümern zerfallen; dazu kamen noch ehemals „reichsfreie" selbständige Städte und Städtchen, Ritterschaften, Abteien und Dörfer.

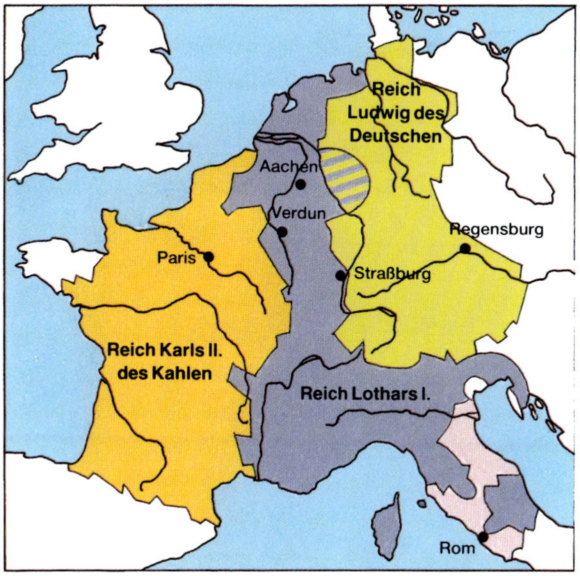

Im Vertrag von Verdun im Jahre 843 teilten die Enkel Karls des Großen das Reich unter sich auf: König Ludwig der Deutsche erhielt das Ostfränkische Reich östlich des Rheins.

Wann erschien zum erstenmal Schwarz-Rot-Gold?

Der Gedanke an das ehemalige große, starke und geeinte Deutschland blieb aber im deutschen Bürgertum lebendig. Vor allem bei den Studenten wuchs die Sehnsucht nach einer geeinten demokratischen Nation, in der sie keine abhängigen Untertanen mehr sein wollten, sondern freie Bürger. Im Jahr 1817 trafen sich mehrere tausend Studenten, die sich in sogenannten „Burschenschaften" zusammengeschlossen hatten, zu einem großen Fest auf der Wartburg in Thüringen. Die Flagge, die sie bei diesem Treffen hißten, trug die Farben Rot-Schwarz-Rot mit einem goldenen Eichenzweig in der Mitte und mit goldenen Fransen. Damit waren die Farben Schwarz, Rot und Gold zum Symbol des Strebens nach Einigkeit und Freiheit geworden.
Diese Farben waren auch die Farben des Lützowschen Freikorps gewesen. König Friedrich Wilhelm III. von Preußen hatte 1813, zu Beginn der Freiheitskriege gegen Napoleon, den Freiherrn von Lützow beauftragt, ein Jäger-Korps aus Freiwilligen aufzustellen. Die Uniform der Lützowschen Jäger bestand aus schwarzem Tuch mit roten Aufnähern und goldenen Knöpfen.
Und diese Farben nun übernahm die „Jenaische Burschenschaft" – von denen nämlich viele bei den Lützower Jägern gedient hatten – in ihre Vereinsfahne von 1815 bzw. 1816. Die deutschen Farben feierten somit 1990 ihren 175jährigen Geburtstag.

Der Ursprung der deutschen Nationalfarben Schwarz-Rot-Gold: die rot-schwarze „Gründerfahne" von 1815 und die rot-schwarz-rote „Wartburgfahne" mit goldenem Eichenreis von 1816 der „Jenaischen Burschenschaft".

1832 versammelten sich die ungeduldig auf ein geeintes Deutschland wartenden Burschenschaften abermals, diesmal auf dem Hambacher Schloß (Rheinland-Pfalz). Ermutigt von der französischen Juli-Revolution, forderten sie erneut die Einigkeit Deutschlands und mehr Bürgerrechte. Die Fahne Schwarz-Rot-Gold erklärten sie zum Zeichen der deutschen Einheit.

Die Fürsten, die um ihre Macht fürchteten, schlugen hart zurück. Einige räumten zwar ihren Bürgern größere Freiheiten ein, aber die Redner des Hambacher Festes wurden verfolgt und ins Gefängnis geworfen; andere mußten fliehen.

Im Frühjahr 1848 trat in der Frankfurter Paulskirche die Nationalversammlung zusammen, das erste deutsche freigewählte Parlament. König Friedrich Wilhelm IV. wurde zum deutschen Kaiser gewählt – aber er lehnte ab. In derselben Versammlung wurde beschlossen, daß Schwarz-Rot-Gold die Fahne des künftigen Bundesstaates Deutschland sein sollte.

Am 27. März 1832 trafen sich 30 000 Studenten und andere freiheitlich gesinnte Bürger im Schloß Hambach zum „Fest der Republikaner". Sie erklärten die Farben Schwarz-Rot-Gold zum Zeichen der deutschen Einheit.

Was war die erste deutsche Nationalflagge?

Nach dem Zusammenbruch der Revolution 1848 verschwanden die deutschen Farben schnell. Die erste deutsche Nationalflagge war nicht Schwarz-Rot-Gold, sondern Schwarz-Weiß-Rot, die Flagge des Norddeutschen Bundes. Dieser Bund, der Zusammenschluß von 18 norddeutschen Staaten und Kleinstaaten, war 1867 gegründet worden und galt als Vorläufer des Deutschen Reiches.
Als man für diesen Bund eine passende Flagge suchte – Schwarz-Rot-Gold kam als „Rebellen-Flagge“ nicht in Frage – schlug der spätere Reichskanzler Fürst Otto von Bismarck die Farbenfolge Schwarz-Weiß-Rot vor. Schwarz und Weiß, so begründete er, waren die Farben der preußischen Flagge (Preußen spielte im Norddeutschen Bund die überragende Rolle), und Rot-Weiß waren die Farben der Hansestädte und der Mark Brandenburg. Niemand widersetzte sich Bismarcks Idee – und so wurde Schwarz-Weiß-Rot zunächst die Flagge des Norddeutschen Bundes und später die des Deutschen Kaiserreichs – allerdings erst im Jahr 1892, also 21 Jahre, nachdem Kaiser Wilhelm I. gekrönt worden war.
Die Flagge Schwarz-Weiß-Rot blieb deutsche Nationalflagge bis 1919, als nach dem verlorenen Ersten Weltkrieg die Republik ausgerufen wurde. Die Farben Schwarz-Weiß-Rot galten als Symbol des Kaiserreiches und wurden daher für die Nationalflagge der jungen Republik abgelehnt. Stattdessen besann man sich auf die Farben Schwarz-Rot-Gold. Die Farben Schwarz-Weiß-Rot blieben – als Zugeständnis an die Konservativen im neuen Reichstag – in der Reichskriegsflagge und in der Handelsflagge erhalten: Beide Flaggen waren Schwarz-Weiß-Rot mit schwarz-rot-goldenem Obereck am Flaggenstock, die Reichskriegsflagge hatte außerdem in Flaggenmitte ein schwarzes Eisernes Kreuz.

National- und Handelsflagge 1892–1919 und 1933–1935

Nationalflagge 1919–1933; National- und Handelsflagge der BR Deutschland ab 1949; Staats- und Handelsflagge der DDR 1949–1959

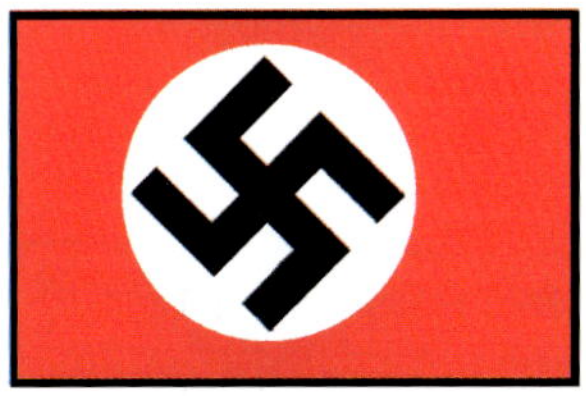

National- und Handelsflagge 1933–1945

Erkennungsflagge für deutsche Handelsschiffe 1946–1951

Staatsflagge (ab 1959) und Handelsflagge (ab 1973) der DDR

Wann hatte Deutschland zwei Nationalflaggen?

1933 übernahmen die Nationalsozialisten unter ihrem „Führer“ Adolf Hitler die alleinige Macht in Deutschland. Die neue Regierung verfügte, daß ab 13. März 1933 zwei Nationalflaggen gleichzeitig zu setzen seien: Schwarz-Weiß-Rot und die rote Hakenkreuzflagge der Nationalsozialisten. Bis zum 15. September 1935 hatte Deutsch-

Im Zuge der politischen „Wende" in der DDR tauchten im Herbst 1989 zum ersten Male nach 30 Jahren dort wieder schwarz-rot-goldene Fahnen ohne das Staatsemblem auf. Diese friedliche Revolutionsbewegung war es schließlich, die – mit Unterstützung der Sowjetunion – die Wiedervereinigung Deutschlands zuwege brachte.

land also zwei Nationalflaggen. Am 16. September 1935 wurde die Hakenkreuzflagge zur alleinigen Nationalflagge erklärt.
Die Siegermächte des Zweiten Weltkrieges verboten das Führen der Hakenkreuzflagge; damit war das geschlagene Deutschland ohne Nationalflagge. Als Ersatz führten deutsche Schiffe bis 1950 den sogenannten C-Stander als Erkennungszeichen, die leicht veränderte Flagge des Buchstabens C aus dem internationalen Signalalphabet.
1949 erfolgte die Gründung zweier Staa-

Unter dem Beifall Zehntausender Menschen, den Klängen des Deutschlandliedes und dem Geläut der Freiheitsglocke des Schöneberger Rathauses werden kurz vor Mitternacht des 2. Oktober 1990 die jetzt wieder gesamtdeutschen Farben aufgezogen: Schwarz-Rot-Gold.

ten auf deutschem Boden. Die Bundesrepublik Deutschland bestimmte in Artikel 22 des Grundgesetzes: „Die Bundesflagge ist Schwarz-Rot-Gold.“ Auch die Deutsche Demokratische Republik bestimmte in ihrer Verfassung, daß Schwarz-Rot-Gold ihre Staatsfarben seien.
Seit 1959 erschien in der Mitte der DDR-Flagge das Hoheitszeichen des Landes: Hammer und Zirkel im Ährenkranz. Der Hammer stand für die Arbeiterschaft, der Zirkel für die werktätige Intelligenz, der Ährenkranz für die Bauern. – Mit Datum des 3. Oktober 1990 trat die Deutsche Demokratische Republik gemäß Artikel 23 Grundgesetz der Bundesrepublik Deutschland bei. Damit hat das nunmehr vereinte Deutschland wieder eine gemeinsame Nationalflagge: Schwarz-Rot-Gold.

Großbritannien: Aus Drei mach Eins

Welche Flaggen sind im Union Jack vereinigt?

Keine andere Flagge hat je so lange über so vielen Teilen der Erde geweht wie der „Union Jack“, die Flagge des „Vereinigten Königreiches von Großbritannien und Nordirland“. Und keine Flagge spiegelt in ihren Farben so deutlich die Geschichte des Landes wider wie eben dieser Union Jack. Er vereint die Symbole dreier Länder (England, Schottland und Irland) und dreier Heiliger.
Der erste Heilige ist der Drachentöter St. Georg. Geboren im östlichen Kleinasien, trat er als Soldat in die Dienste des römischen Kaisers Diokletian (284–305). Gegen den ausdrücklichen Befehl des römischen Herrschers trat er zum Christentum über und wurde – als er sich weigerte, diesem Glauben abzuschwören – im Jahr 303 enthauptet. Für seinen Märtyrertod wurde er später heiliggesprochen.
Einer frommen Legende zufolge wird er auch als Drachentöter gefeiert: Er soll einen Lindwurm erschlagen haben, der eine Königstochter verschlingen wollte.
Heute gilt Georg als Schutzheiliger der Soldaten, der Waffenschmiede und der Bauern; für Katholiken ist er überdies einer der 14 Nothelfer, zu denen man in besonderer Not um Hilfe betet.

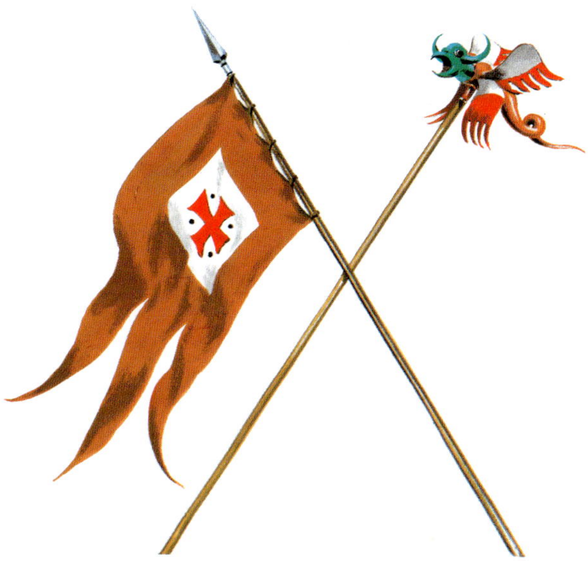

In der Schlacht von Hastings (1066) besiegte der normannische Herzog Wilhelm der Eroberer unter der in Rom geweihten Fahne mit dem Georgskreuz die germanischen Angelsachsen, die unter dem Zeichen des Drachens ihr Land verteidigten.

Um St. Georgs Hilfe beteten auch die englischen Soldaten, wenn sie in die Schlacht zogen. Dabei trugen sie, wenn sie Soldaten des Königs und nicht die eines Feudalherren waren, eine Armbinde mit einem roten Kreuz auf weißem Grund. Allmählich verschmolzen St. Georg und das rote Kreuz zu einem gemeinsamen Begriff, und das nun „St. Georgskreuz“ genannte Zeichen wurde 1277 zum Nationalzeichen bestimmt. Noch im selben Jahr wurde die erste Fahne mit dem Georgskreuz gehißt.

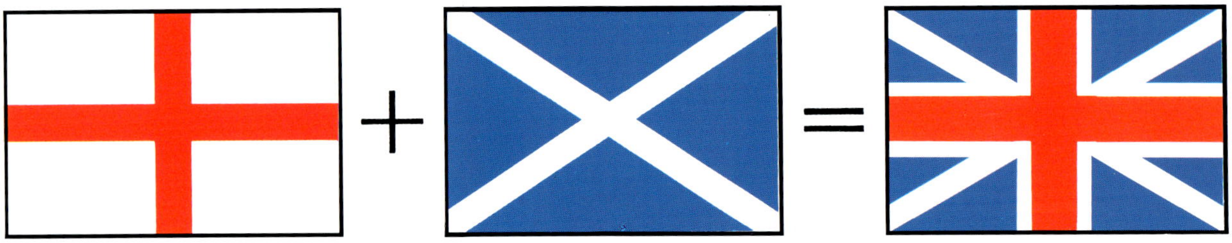

Im Jahr 1606 wurde das englische Georgskreuz mit dem schottischen Andreaskreuz vereint.

Woran erinnert das Andreaskreuz?

Der zweite Heilige, an den der Union Jack erinnert, ist der schottische Nationalheilige St. Andreas. Dieser, ein Bruder des Apostels Petrus, verbreitete das Christentum in Kleinasien und wurde im Jahr 69 auf der griechischen Insel Patras an ein Kreuz mit schrägen Balken genagelt. 300 Jahre lang wurden seine Gebeine heimlich aufbewahrt, dann – so erzählt eine Legende – segelte ein Mönch, einem göttlichen Befehl gehorchend, mit dem Sarg nach Norden. Er kam nach Schottland und baute dort dem toten Heiligen eine kleine Kirche. Im Lauf der Jahrhunderte begannen die Schotten, Andreas als ihren Schutzherren und Nationalheiligen zu betrachten und zu ihm zu beten. So wurde das schräge weiße Kreuz auf blauem Grund das Nationalzeichen für Schottland.

Die mit 104 Kanonen bestückte „Victory", mit der Lord Nelson 1805 bei Trafalgar an der spanischen Südküste eine französisch-spanische Flotte vernichtend schlug. In dieser Seeschlacht fand Nelson den Tod. Im Hintergrund das 74-Kanonen-Schiff „Elephant", das zu Nelsons Flotte gehörte.

Im Jahr 1801 entstand durch Zufügung des irischen Patrickskreuzes der Union Jack in seiner heutigen Form.

1568 mußte die katholische Königin von Schottland, Maria Stuart, vor den Protestanten ihres Landes nach England fliehen. Dort wurde sie 1587 wegen Teilnahme an einer Verschwörung gegen die englische Königin Elisabeth I. hingerichtet. Nach Elisabeths Tod 1603 wurde Marias Sohn Jakob VI., für die Engländer aber Jakob I., König von England und Schottland. Zum Zeichen dieser Verbindung ließ der junge Herrscher dem Georgskreuz auf der Fahne das Andreaskreuz hinzufügen.

Wie kam das Patrickskreuz in den Union Jack?

Das dritte Kreuz, schräge rote Balken auf weißem Grund, steht für Irland. Im 5. Jahrhundert kam der schottische Mönch Patricius nach Irland und verbreitete dort das Christentum. Allmählich wurde er als St. Patrick der Nationalheilige der Iren und sein Zeichen, eben das rote schräge Kreuz, das vaterländische Symbol der Iren. Irland, seit 1171 von den Engländern besetzt, ging im Jahr 1801 offiziell in den Besitz der englischen Krone über, und die englische Flagge erhielt, eingelagert in das schottische Andreaskreuz, zusätzlich das rote Kreuz des St. Patrick.
1937 erlangte der Hauptteil der irischen Insel als „Republik Irland“ (Eire) die vollständige Unabhängigkeit von London; lediglich im Norden verblieben sechs Grafschaften der Provinz Ulster beim Vereinigten Königreich. Aber der Union Jack mit seinen drei Kreuzen blieb unverändert; er wird noch heute bei den ehemaligen Dominions Australien und Neuseeland sowie den früheren Kolonien Fidschi und Tuvalu im Obereck der Nationalflaggen geführt.
Unklar ist die Herkunft des Namens „Union Jack“. „Union“ ist das englische Wort für Vereinigung. Aber was heißt

Das Wappen der britischen Könige zeigt im Schild oben links und unten rechts den englischen, oben rechts den schottischen Löwen und unten links die irische Harfe. Im Wappen der Wahlspruch des britischen Hosenbandordens „Ein Schelm, wer Böses dabei denkt“, darunter der Wahlspruch der britischen Könige „Gott und mein Recht“. Das Wappen wird links vom englischen Löwen und rechts vom schottischen Einhorn gestützt.

„Jack“? Die einen sagen, das Wort „Jack“ käme von jenem König Jakob, der die Flagge 1606 bestimmt hat; andere dagegen glauben, „Jack“ komme von dem „Jacket“ (Jacke), auf dem englische und schottische Soldaten die Armbinde mit dem Kreuz getragen haben. Diese Frage wird wohl für immer ohne Antwort bleiben.

In der Schlacht von Reval half – der Sage nach – Gott den Dänen, indem er einen Danebrog aus den Wolken auf die Erde flattern ließ.

Dänemark: Ein Kreuz fiel vom Himmel

Auf welcher Sage beruht der „Danebrog"?

Es geschah am Abend des 15. Juni 1219: König Waldemar II. von Dänemark, den sie den „Sieger" nannten, steckte in einer bösen Klemme. Er hatte bereits das deutsche Holstein erobert und wollte seinem Reich jetzt auch das heidnische Estland einverleiben. Aber die Esten wehrten sich verzweifelt, und nun, bei der Schlacht von Reval, schien es gar, als sollten die sieggewohnten Dänen die Schlacht verlieren.

In dieser großen Not stellten sich die dänischen Bischöfe, die den Kriegszug begleiteten, auf einen Hügel und riefen Gott um Hilfe an. Da öffneten sich plötzlich die Wolken, und ein großes rotes Tuch mit einem weißen Kreuz schwebte vom Himmel herab – ein sichtbares Zeichen des Herrn, daß er den Dänen gnädig sei. Das gab ihnen neuen Mut. Sie stürmten noch einmal wider den Feind und schlugen ihn in die Flucht – Schlacht und Krieg, und damit auch Estland, waren gewonnen.

Soweit die Legende. Aber nicht alles daran ist erfunden: Tatsache ist, daß König Waldemar die Schlacht von Reval geschlagen und gewonnen hat, und Tatsache ist auch, daß der „Danebrog", wie man das weiße Kreuz auf rotem Grund heute nennt, seit jener Zeit als nationales Symbol der Dänen gilt.

Das Wort „Danebrog“ kommt aus dem Altdänischen und bedeutet soviel wie „Rotes Tuch“. Wie aber das Zeichen entstanden sein könnte – darüber ist die Wissenschaft uneins.

Woher kommt der Name „Danebrog“?

Das weiße Kreuz auf rotem Grund war zu Anfang der Neuzeit die Kriegsfahne des deutschen Kaisers und hat sich bis heute in verschiedenen Fahnen und Wappen erhalten. Man findet es sowohl in der Nationalflagge von Malta und der Schweiz wie auch in den Wappen und Fahnen vieler europäischer Landschaften und Städte. Es kann also sein, daß das weiße Kreuz auf rotem Grund von den dänischen Königen übernommen wurde, weil sie als Vasallen des deutschen Kaisers galten.

In den fast 700 Jahren seiner Geschichte wurde der Danebrog nur einmal verändert: Die dänische Königin Margarete (1387–1412) vereinte in der Kalmarer Union die drei skandinavischen Reiche Dänemark, Schweden und Norwegen miteinander und fügte darum dem Danebrog drei Kronen ein. Ein Danebrog mit drei Kronen hing noch im Zweiten Weltkrieg in der Lübecker Marienkirche. Er gehörte dem Fürsten Erich von Pommern, der 1412 als Erich XIII. zum Unionskönig von Dänemark, Schweden und Norwegen gekrönt wurde. Diese Fahne stammte aus der Zeit um 1400 und war der älteste bekannte Danebrog. Er wurde bei einem Bombenvolltreffer in das Gotteshaus im Jahr 1944 vernichtet.

Schweden gewann nach einem dreijährigen Befreiungskrieg (1520–1523) unter Gustav Wasa seine Unabhängigkeit zurück. Wasa wurde als Gustav I. zum König von Schweden gewählt, 1814 konnte sich auch Norwegen aus dänischer Oberhoheit befreien.

Warum verschwanden die drei Kronen aus dem Danebrog?

Nun verschwanden auch die drei Kronen wieder aus dem Danebrog, und er sah wieder so aus, wie er 1219 der Sage nach vom Himmel schwebte: ein weißes Kreuz auf rotem Grund.

Oft wird behauptet, der Danebrog sei die älteste Nationalflagge der Welt. Das ist falsch. Nationalflaggen im heutigen Sinne gab es erst seit der Französischen und Amerikanischen Revolution vor ungefähr 200 Jahren, und auch das „Rote Tuch“ wurde in seiner heutigen Form erst 1854 offiziell als Nationalflagge eingeführt. Ohne Zweifel jedoch ist der Danebrog, zu dem sich die Dänen seit über 600 Jahren ununterbrochen bekennen und den sie sogar an Weihnachtsbäumen hissen, das älteste Nationalsymbol der Erde.

Der älteste Danebrog, noch mit drei Kronen, wurde 1944 in der Lübecker Marienkirche zerstört.

Jeanne d'Arc, die „Jungfrau von Orléans", war ein Bauernmädchen, das sich von überirdischen Stimmen beauftragt fühlte, Frankreich von den Engländern zu befreien. Tatsächlich gelang es ihr, die entscheidende Wende des Krieges herbeizuführen. Sie wurde später gefangengenommen und von den Engländern 1431 als Zauberin und Ketzerin verbrannt. 1920 heilig gesprochen, gilt sie heute als Nationalheldin Frankreichs. Die Miniatur aus dem 15. Jahrhundert zeigt sie mit ihrer weißen Fahne; das Weiß der Trikolore wird oft nicht nur auf die königliche Kokarde, sondern auch auf die Fahne der Heiligen Jungfrau zurückgeführt.

Frankreich: Der lange Weg zur Trikolore

Warum heißt Frankreichs Flagge Trikolore?

Kaum eine andere Nationalflagge ist in ihrer knapp 200jährigen Geschichte so oft verboten, geändert, umgeformt, wieder verboten und dann wieder anerkannt worden wie die französische Trikolore. Das Wort kommt aus dem Französischen und bedeutet „dreifarbige Flagge". Grundsätzlich ist also jede dreifarbige Flagge eine Trikolore; wenn man jedoch heute von einer Trikolore spricht, ist damit die französische Nationalflagge gemeint.

Die Farben Blau, Weiß und Rot haben ihren Ursprung in der französischen Geschichte: Blau war der Legende nach der Mantel des heiligen Martin, den dieser angeblich mit einem Bettler teilte; der Mantel wurde vom Gründer des Frankenreiches Chlodwig I. (466-511) auf der Suche nach Reliquien gefunden und seither in allen Schlachten der Frankenkönige mitgeführt. Weiß war die Farbe der französischen Könige und der Jungfrau von Orléans (1410 bis 1431), die Frankreich von den Engländern befreite; und Rot war die Kriegs- und Gerichtsfahne Karls des Großen (742–814). Zum erstenmal tauchte die Farbzusammenstellung Blau-Weiß-Rot während der Französischen Revolution auf: Die Aufständischen von Paris, die sich zum Widerstand gegen die Allmacht des Königs organisierten, trugen blau-rote Kokarden; das waren farbige Schleifen, die man als Erkennungszeichen am Hut trug. Blau und Rot sind die Stadtfarben von Paris.

Am 17. Juli 1789, drei Tage nach dem Sturm auf die Bastille, das Stadtgefängnis von Paris, steckte sich König Ludwig

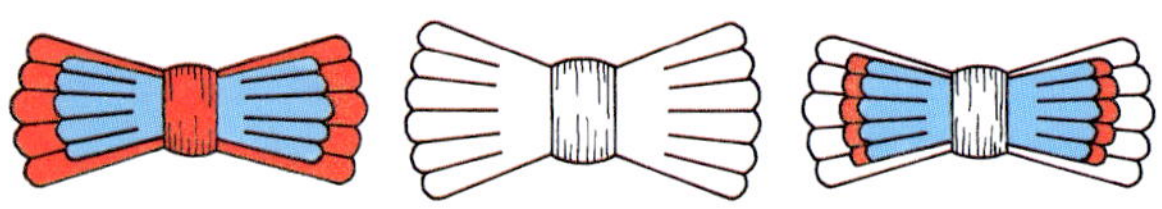

Die Kokarde mit den Pariser Stadtfarben Blau-Rot ergab zusammen mit der weißen Kokarde der französischen Könige die Nationalfarben Frankreichs.

XVI. die Kokarde der Bürgerwehr zu seiner weißen Königskokarde an seinen Hut. Dies war die Geburtsstunde der französischen Nationalfarben.

Wie sah Frankreichs erste Nationalflagge aus?

1790 beschloß die Nationalversammlung die erste französische Nationalflagge: In die weiße Flagge des Königs wurden oben links die neuen Farben gesetzt, Rot-Weiß-Blau, also umgekehrt wie die heutige Farbfolge. Umrahmt wurde diese kleine Flagge in der Flagge mit den gleichen Farben. Und 1792 mußte jeder Franzose und jede Person, die durch Frankreich reiste, eine Kokarde in diesen Farben tragen; wer sie nicht trug oder eine andersfarbige Kokarde verkaufte, wurde mit dem Tod bestraft.
Die neue Flagge verschwand bald wieder: Im September 1794 – inzwischen war der König hingerichtet und die Republik ausgerufen worden – wurde Blau-Weiß-Rot in senkrechten Streifen zur neuen Nationalflagge erklärt. Und nun wechselte die Flagge immer wieder Farbe und Form:

1812 bestimmt Napoleon Blau-Weiß-Rot in waagerechten Streifen zur neuen Nationalflagge. Zwei Jahre später wird er auf die Insel Elba verbannt, König Ludwig XVIII. besteigt den Thron und kehrt zur weißen Flagge der Bourbonenkönige zurück. 1815 übernimmt Napoleon noch einmal, für 100 Tage, die Herrschaft; es gilt wieder die Flagge Blau-Weiß-Rot. Im selben Jahr noch wird Napoleon nach St. Helena verbannt; Ludwig XVIII. hält weiter an der weißen Bourbonenflagge fest. Unter dem Druck der Juli-Revolution bestimmt der „Bürgerkönig" Philipp 1830 die blau-weiß-rote Trikolore zur Nationalflagge. Nach einer weiteren Revolution im Jahr 1849 wird die „Zweite Republik" ausgerufen, über Frankreich weht die rote Flagge der Aufständischen. Ihr folgt nach wenigen Tagen eine blau-rot-weiße Trikolore in senkrechten Streifen.
Im Deutsch-Französischen Krieg 1870/71 wird Kaiser Napoleon III. abgesetzt und die „Dritte Republik" ausgerufen. Noch einmal erscheint die rote Flagge der Revolution, dann setzt sich endgültig die Trikolore durch, wie wir sie heute kennen: Blau-Weiß-Rot in senkrechten Streifen.

Durch die Französische Revolution war der Rechtsanwalt Maximilien de Robespierre einige Monate lang der Diktator Frankreichs. Nach einer erfolgreichen Verschwörung gegen seine Schreckensherrschaft wurden er und seine Genossen 1794 öffentlich hingerichtet. Auf dem zeitgenössischen Kupferstich sieht man eine blau-weiß-rot-weiß-blaue Flagge, eine Vorgängerin der heutigen Trikolore.

Bannerträger der Schweizer Kantone versammeln sich zu einem Fest; Bilderchronik aus dem 16. Jahrhundert.

Schweiz: Bauern gegen Ritter

Wie sah das Wappen der Schwyzer aus?

Die Nationalflagge der heute so friedlichen Schweiz hat eine erstaunlich kriegerische Geschichte: Sie begann vor über 700 Jahren, als der deutsche Kaiser Friedrich II. den Bewohnern der Alpentäler Uri (1231) und Schwyz (1240) die „Reichsunmittelbarkeit" verlieh, diese also keinem anderen Fürsten mehr tributpflichtig waren. In Anlehnung an das „Blutbanner" (die Kriegsfahne) des Deutschen Reiches, ein weißes Kreuz auf rotem Grund, führten die Schwyzer in ihrem Wappen ein kleines weißes Kreuz, das in der oberen linken Ecke des roten Grundes saß.
1291 wollten die Habsburger, die die Reichsunmittelbarkeit der beiden Täler

nicht anerkannten, das Alpenland für sich erobern. Sie stießen dabei auf heftigen Widerstand: Die Bauern von Uri, Schwyz und Unterwalden schlossen sich zum „Ewigen Bund“ zusammen und schwuren einen feierlichen Eid, ihre Freiheit künftig gemeinsam zu verteidigen. (Die Erzählung von Wilhelm Tell und dem Rütlischwur, wie sie auch Schiller beschreibt, gehört der Legende an.)

Und nun geschah, was niemand für möglich gehalten hätte: In der Schlacht am Morgarten überfielen die kriegsungeübten Bauern das schwergepanzerte Ritterheer aus dem Donauland und zerschlugen es völlig.

Dem Bund der drei „Urkantone“ traten bald auch andere, von den Habsburgern bedrohte Landschaften und Städte bei, und immer wieder und immer erfolgreicher konnten sich die Eidgenossen gegen alle Eindringlinge wehren: 1339 schlugen sie in der Schlacht von Laupen noch einmal die Habsburger, nun unter einer neuen gemeinsamen Flagge, die doch eine alte war: das weiße durchgehende Kreuz auf rotem Grund, die Flagge des deutschen Blutbanners also, auf die sich die Eidgenossen geeinigt hatten.

Dem Schweizer Henri Dunant zu Ehren ist das Rote Kreuz auf weißem Grund eine Umkehrung der Schweizer Nationalflagge.

Warum waren Schweizer Söldner überall gefragt?

1499 löste sich die Schweiz im „Schwabenkrieg“ vom Deutschen Reich, 1512 nahm sie den Franzosen das Tessin ab – kein Wunder, daß die Schweizer nun überall als tapfere, tollkühne und fast unbesiegbare Soldaten galten, die jeder europäische Fürst gern für seine Armee als Söldner kaufte. So eröffnete sich den armen Gebirgsbauern eine neue willkommene Einnahmequelle: Die Schweizer Soldaten standen hoch im Kurs.

Dies änderte sich 1792: Während der Französischen Revolution wurde die Schweizergarde des Königs Ludwig XVI. in den Tuilerien von den Pariser Volksmassen bis auf den letzten Mann niedergemetzelt. Die Franzosen schufen das Volksheer und die Wehrpflicht, andere Staaten schlossen sich dieser neuen Methode an – Schweizer Söldner waren nicht mehr gefragt. Heute erinnert nur noch die Schweizergarde des Vatikan an diese kriegerische Vergangenheit der Eidgenossen. Sie besteht aus vier Offizieren, 23 Unteroffizieren, 70 Hellebardieren, zwei Tambouren und einem Kaplan.

Die Schweiz hatte bereits im 15. Jahrhundert das weiße Kreuz gekürzt; es lief nun nicht mehr von Flaggenrand zu Flaggenrand, und in dieser Form gilt es seither als Schweizer Symbol.

1798 schlossen sich die inzwischen 25 Kantone zu „Einer und Unteilbaren Helvetischen Republik“ zusammen, 1848 wurde die Schweiz ein Bundesstaat mit der Hauptstadt Bern.

Zu Ehren des Schweizers Henri Dunant, der 1864 das Rote Kreuz gründete, zeigt die Flagge dieser internationalen Hilfsorganisation ein verkürztes rotes Kreuz auf weißem Grund. Es ist also die farbliche Umkehrung der Schweizer Flagge.

USA: Für jeden Staat ein Stern

Wo begann der Unabhängigkeitskrieg?

Der 19. April 1775 gilt als der erste Tag des amerikanischen Unabhängigkeitskrieges gegen England. An diesem Tage lieferten sich amerikanische Siedler und englische Soldaten bei Bedford und Concord in Neuengland die ersten erbitterten Gefechte. Als der Abend anbrach, hatten die amerikanischen Bauern, Handwerker und Angestellten die Briten besiegt: 273 Engländer und 95 Amerikaner waren auf dem Schlachtfeld geblieben.

Aber keiner der siegreichen Amerikaner dachte an diesem Tag schon daran, sich vom englischen Mutterland zu lösen. Nur – wie die Lords in London immer mehr Geld aus den armen Siedlern herauszuquetschen versuchten, in Form von Steuern, Zöllen und Sonderzöllen, das wollten sich die Farmer und all die anderen Einwanderer nicht mehr gefallen lassen. Und so traten sie zum Kampf an – unter einer Fahne, die noch heute als historische Reliquie verehrt wird: Die

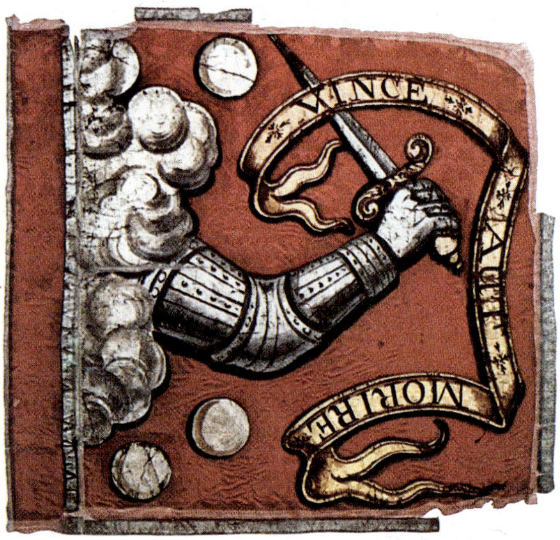

Unter der Bedford-Fahne begann 1775 der Aufstand amerikanischer Siedler gegen die Briten.

„Bedford-Fahne“ zeigt auf rotem Tuch einen gepanzerten Arm, der ein Schwert in der Faust hält, dazu die lateinische Inschrift „Vince aut morire“ (Sieg oder stirb). Die Fahne war die Standarte einer Kavallerietruppe, die 1658 gegründet worden war, um die Siedler vor angreifenden Indianern zu beschützen.

Unter ihrem Oberbefehlshaber George Washington, der 1789 der erste Präsident der USA wurde, gelangen dem Freiwilligen-Heer zunächst einige große Erfolge – nicht zuletzt dank dem ehemaligen preußischen Offizier Friedrich Wilhelm von Steuben, der die Siedler mit preußischem Drill zu einer Armee zusammenschweißte.

Dann schien sich das Glück zu wenden. Den Aufständischen stand eine wohlausgebildete und wohlgerüstete englische Armee gegenüber, die dazu noch durch 17 000 deutsche Soldaten verstärkt wurde. Die hatten die Fürsten von Hessen und Braunschweig gegen bare Münze an die Briten verkauft. Außerdem hatten sich die Engländer mit einigen Indianerstämmen verbündet, die die verhaßten amerikanischen Siedler wieder vertreiben wollten.

Warum übernahmen die Rebellen die Flagge einer Handelsgesellschaft?

Dem damaligen Brauch zufolge, hatte jede Armee – selbst eine Armee von Rebellen – ein gemeinsames Symbol, eine Fahne. An die Fahne von Bedford dachte niemand mehr, und so entschloß man sich, eine neue Fahne zu schaffen. Als Vorbild diente die Flagge der britischen „Ostindischen Kompanie“, eines großen Handelsunternehmens, das in der Neuen Welt seine Geschäfte machte. Die Flagge gefiel den Rebellen: Sie hatte 13 waagerechte rote

General George Washington überquert im Winter 1776/77 den eisigen Delaware; die dreizehn Sterne auf der Fahne sind in Kreisform angeordnet. Das 6,5 × 3,5 m große Gemälde des Deutschamerikaners Emanuel Leutze ist eines der bekanntesten Kunstwerke der USA. Es hängt heute im Metropolitan Museum in New York.

und weiße Streifen, in der linken oberen Ecke saß der Union Jack, die verkleinerte Flagge des englischen Mutterlandes. Und es waren ja ebenfalls 13 Kolonien, die den Kampf gegen die Engländer führten; und daß die Rebellen auch das Obereck übernahmen, beweist nur, daß sie – zunächst – noch nicht an die Loslösung von Großbritannien dachten. Zwar mußten die Amerikaner New York und Philadelphia räumen, dann aber neigte sich ihnen das Kriegsglück wieder zu: Bei Saratoga Springs und Yorktown konnten sie die Briten vernichtend schlagen, und am 3. September 1783 erkannte London offiziell die Unabhängigkeit der 13 Überseekolonien an.

Apollo-16-Kommandant John Young grüßt das Sternenbanner, das er 1972 auf dem Mond aufgepflanzt hat. Weil dort kein Wind weht, wird das Fahnentuch von einem Träger hochgehalten.

Wie entstand das Sternenbanner?

Vorher allerdings, schon am 4. Juli 1776, hatten sich die Amerikaner feierlich vom britischen Mutterland losgelöst und die selbständigen „Vereinigten Staaten von Amerika“ (United States of America = USA) ausgerufen. Denn mit den Siegen hatte sich auch das Kriegsziel der Amerikaner geändert: Nun reichte es ihnen nicht mehr, die Bürde der Zölle und Steuern loszuwerden; nun wollten sie aufs Ganze gehen: weg von London, Freiheit für Amerika!

Also wollten sie auch nicht mehr den Union Jack in der amerikanischen Flagge. Mit Gesetz vom 14. Juni 1777 wurde die englische Flagge im Obereck durch ein blaues Feld mit 13 Sternen ersetzt – wiederum also die Zahl der rebellierenden Kolonien. Damit war die Nationalflagge der USA, das „Sternenbanner“ (engl. Stars and Stripes = Sterne und Streifen) geboren.
In einem späteren Gesetz wurde festgelegt, daß für jeden neuen Bundesstaat, der in die Gemeinschaft der Vereinigten

Staaten aufgenommen wurde, die Anzahl der Sterne um einen weiteren vermehrt werden sollte. Heute hat die amerikanische Flagge darum 50 Sterne im oberen Feld – 50 Sterne für jene 50 Bundesstaaten, aus denen heute die USA bestehen. Der 50. und bisher letzte Stern steht für die Inselgruppe Hawaii, die 1959 Bundesstaat der USA wurde.

Warum überfielen die Engländer eine holländische Karibik-Insel?

Welche Bedeutung Flaggen haben können, zeigt eine Begebenheit, die sich am Rand des amerikanischen Unabhängigkeitskrieges, fast unbemerkt von der Weltöffentlichkeit, ereignete: Im November 1776 lief die „Andrea Doria“, ein Kriegsschiff der jungen amerikanischen Marine, in den Hafen Oranjestad auf der Insel St. Eustatius (Niederländische Antillen) ein. Zur Begrüßung der holländischen Hafenbehörden hatte das Schiff die Flagge der Aufständischen gesetzt und schoß aus seinen Kanonen einen Salut. Die Holländer, als höfliche Leute, erwiderten diesen Salut.

Das erbitterte die Engländer, die davon hörten. Denn die „Andrea Doria“ hatte die Flagge mit den Streifen und dem Union Jack gesetzt, die bei den Briten als Rebellen-Flagge galt. Sie verlangten also von den Holländern, daß diese ihren Salut, mit dem sie – nach britischer Auffassung – die Flagge und damit die Rebellen offiziell anerkannt hatten, zurücknähmen. Die Holländer weigerten sich – für die Engländer Grund genug, mit ihren Kriegsschiffen nach St. Eustatius zu segeln und die Insel vorübergehend zu besetzen.

Die Beute, die ihnen dabei in die Hände fiel, machte einen Wert von 200 Millionen Dollar aus, und Oranjestad hatte damit seinen Ruf als führender Handelsplatz in Westindien verloren.

Weil die Holländer auf der Karibik-Insel St. Eustatius den Salut des unter der „Rebellenflagge“ (Union Jack und Streifen) segelnden amerikanischen Kriegsschiffes „Andrea Doria“ erwiderten, überfielen die Engländer die holländische Kolonie und plünderten sie.

Kanada: 100 Jahre Streit um die Flagge

Warum kam es in Kanada zum Flaggenstreit?

Daß es nicht nur in der Vergangenheit, sondern auch heute noch um die Nationalflagge zu leidenschaftlichen und langwährenden Auseinandersetzungen und sogar zu blutigen Zusammenstößen kommen kann, beweist die Nationalflagge von Kanada, dem – nach Rußland – zweitgrößten Flächenstaat der Erde. Unter dieser Flagge leben heute rund 22 Millionen Kanadier, davon sind 10 Millionen englischer und sieben Millionen französischer Herkunft. In dieser Mischung liegt der Grund für einen lang anhaltenden, erst kürzlich beendeten Flaggenstreit.

Seit im 16. Jahrhundert französische Seefahrer das Gebiet um den St. Lorenz-Strom als „Neufrankreich“ in Besitz nahmen, stritten sich englische und französische Siedler immer wieder um Sprache, Kultur und die Bindung an das jeweilige Mutterland. 1608 gründeten die Franzosen ihre kanadische Metropole Quebec und dehnten ihre Herrschaft bis zum Mississippi aus; das neugewonnene Land wurde nach dem französischen König Ludwig XIV. „Louisiana“ genannt.

In den folgenden Jahrzehnten kam es zu erbitterten Kämpfen zwischen französischen Siedlern und denen der benachbarten englischen Kolonien, den späteren USA. Im Siebenjährigen Krieg (1756–1763), der ja nicht nur in Europa, sondern auch in Amerika und sogar in Indien ausgetragen wurde, eroberten die Engländer das französische Kanada und gewannen auch Louisiana zurück.

1867 vereinigten sich das englisch besiedelte Oberkanada (Provinz Ontario), das französisch besetzte Unterkanada (Provinz Quebec) und einige weitere

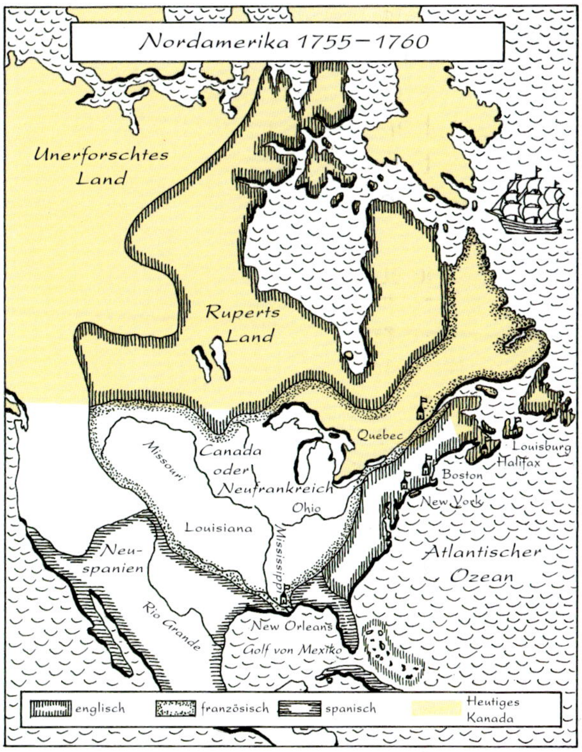

Das heutige Kanada wurde vorwiegend von englischen und französischen Siedlern kolonisiert. Das französische Gebiet reichte anfangs bis zum Mississippi herunter.

Gebiete zu einem Bundesstaat, der sich als erstes Dominion (Herrschaftsgebiet) der englischen Krone unterstellte. Seither ist Kanada ein selbständiger Staat mit eigener Regierung und Verfassung, offizielles Staatsoberhaupt ist die britische Königin. Heute ist Kanada zwar kein Dominion mehr, es gehört aber weiterhin dem „Commonwealth“ an, also dem Zusammenschluß der Staaten der ehemaligen britischen Kolonien.

Warum verlangten viele Kanadier eine neue Flagge?

Je mehr sich im Lauf des letzten Jahrhunderts die Bindungen an Großbritannien lösten, desto lauter wurde bei vielen Kanadiern der Ruf nach einer eigenen Nationalflagge. Sie ver-

Als die Engländer auf offener See einige amerikanische Schiffe anhielten und deren englischsprechende Matrosen als „Deserteure“ verhafteten, kam es im Juni 1812 zum Krieg zwischen den USA und dem Königreich. Die Amerikaner versuchten, das englische Kanada zu besetzen, wurden aber nach schweren Kämpfen zurückgeschlagen. Der alte Stich zeigt den mit den Engländern verbündeten Indianer-Häuptling Tecumseh, der bei einer Schlacht an den Niagara-Fällen den Tod fand.

langten, daß die kanadische Flagge – eine rote Flagge mit dem kanadischen Staatswappen in der Mitte und dem Union Jack in der linken oberen Ecke – durch eine andere Flagge abgelöst würde, die in nichts mehr an England erinnert.

Den Anhängern dieser Idee standen die vielen Millionen anderer Kanadier gegenüber, die mit der alten Flagge weiterhin ihre Verbindung zum englischen Mutterland ausgedrückt sehen wollten.

100 Jahre lang dauerte die heftige, zum Teil leidenschaftliche Diskussion –

Standarte der britischen Königin, die sie beim Aufenthalt in Kanada führt. Nach der kanadischen Verfassung ist der jeweilige britische Herrscher zugleich auch König des ehemaligen Dominions.

dann hatten die Anhänger einer neuen Flagge gewonnen: 1964 löste der damalige Premierminister Pearson ein Wahlversprechen ein und schrieb einen Wettbewerb zur Gestaltung der neuen Flagge aus. Unter 4000 Einsendungen entschied sich eine Jury für die Flagge, wie wir sie heute kennen: Rot-Weiß-Rot mit dem Ahornblatt in der Mitte.

Was bedeuten die Farben in Kanadas Flagge?

Die beiden roten Streifen stellen den Atlantik und den Pazifik dar, zwischen denen sich Kanada erstreckt. Weiß steht für die weiten arktischen Schneefelder im Norden, und das Ahornblatt, seit jeher ein Symbol Kanadas, steht für die riesigen Wälder des Landes.

Mit dieser Flagge waren jedoch die sieben Millionen Frankokanadier nicht einverstanden. Sie wollten zumindest die Bourbonenlilien der französischen Könige in der neuen Flagge sehen und machten im Parlament erbittert Front gegen den ausgewählten Entwurf. 33 Tage lang wurde in beiden Häusern des Parlaments für und gegen die neue Flagge gekämpft, auf allen Straßen, in allen Städten kam es zu heftigen Redeschlachten und sogar zu handgreiflichen Auseinandersetzungen – dann schließlich nahmen die Abgeordneten mit Mehrheit eine Entschließung an, in der die neue Flagge empfohlen wurde; und am 15. Februar 1965 flog Königin Elizabeth II. eigens nach Kanada, um Rot-Weiß-Rot mit einer Proklamation offiziell einzuführen.

Die beiden Fahnen an dem kanadischen Staatswappen zeigen den Union Jack in seiner ersten Form und auf blauem Grund die französischen Bourbonenlilien. Die lateinische Inschrift darunter heißt auf deutsch: Von Meer zu Meer.

Mexiko: Ein Gott wies den Weg

Wie fanden die Azteken den Platz für ihre Hauptstadt?

„Ziehet nach Süden und sucht einen Ort, an dem ein Kaktus auf einem Felsen wächst. Dort sollt ihr euch niederlassen!" So sprach – einer alten Legende zufolge – der aztekische Kriegsgott Huitzilopochtli zu seinem Volk, das um 100 n. Chr. in das menschenleere Hochland von Mexiko eingedrungen war.

Die Azteken gehorchten. Lange irrten sie auf der Suche nach dem Kaktus auf einem Felsen in der unwirtlichen Gegend umher, bis sie endlich Erfolg hatten: Im Jahr 1325 kamen sie an das Ufer eines großen Sees, in dessen Mitte eine Insel lag. Auf der Insel aber sahen sie, genau wie es Huitzilopochtli gesagt hatte, einen steilen Felsen, auf dessen oberster Plattform ein mächtiger Kaktus wuchs. Und auf dem Kaktus saß ein Adler, der eine sehr große, sich windende Schlange in seinem Schnabel hielt. Noch im selben Jahr bauten die Azteken auf dieser Insel eine Stadt und nannten sie Tenochtitlan, auf deutsch: Der Ort mit dem Kaktus auf dem Felsen. Und seit jener Zeit sind Kaktus, Adler und Schlange das Symbolbild des Landes – bei den alten Azteken ebenso wie im heutigen Mexiko.

Lange konnten sich die Azteken ihrer Hauptstadt nicht erfreuen. Kaum 200 Jahre nach Gründung der Stadt kamen die Spanier. Mit einem kleinen Häuflein wilder Soldateska besetzte der Eroberer Hernando Cortez innerhalb von nur zwei Jahren (1519–1521) das Land und zerstörte das Reich der Azteken. Er und seine Männer begingen dabei unvorstellbare Grausamkeiten. Sie folterten, plünderten und schlugen tot, was sich ihnen in den Weg stellte; die Unglücklichen, die überlebten, wurden als Sklaven an die neugegründeten Plantagen und Bergwerke verkauft.

Wie es ihr Kriegsgott gesagt hatte, fanden die Azteken Adler, Kaktus und Felsen. Dort bauten sie ihre Hauptstadt Tenochtitlan, an deren Stelle sich heute Mexikos Hauptstadt Mexico City erhebt.

Warum wurden Kaktus und Adler verboten?

Den Soldaten ging es allein um Silber, Gold und Edelsteine; die spanischen Silberflotten brachten unermeßliche Reichtümer nach Europa. Den Priestern jedoch, die den Zug begleiteten, ging es darum, möglichst viele Azteken zu Christen zu machen, oft wurde mit brutaler Gewalt „missioniert". Die Geistlichen störte vor allem die immer und überall wiederkehrende Figur des Adlers auf dem Kaktus, eine Erinnerung an den heidnischen Gott Huitzilopochtli. Was immer in Kunst und Architektur an dieses anstößige Bild erinnerte, wurde verboten, abgerissen oder vernichtet und durch christliche Symbole ersetzt.

Aber es nutzte alles nichts: Die Erinnerung an Adler und Kaktus blieb wach. Als mexikanische Truppen 1550 in Florida einfielen, trugen sie eine Fahne mit Adler, Fels und Kaktus voran – fast genau die gleiche Fahne, unter der 1810 bis 1815 die unterdrückten Indianer sich erfolglos gegen die kreolischen (= weißen) Gutsbesitzer erhoben hatten; die gleiche Fahne auch, unter der 1821 die weißen Gutsbesitzer sich von dem spanischen Mutterland lossagten und den jungen Freistaat Mexiko ausriefen. General Augustin de Iturbide, der Führer der Aufständischen, verfügte, daß die mexikanische Flagge nun nicht mehr wie bisher weiß, blau und rot, sondern grünweiß-rot sein sollte, als Symbol der „Drei Garantien": Grün stand für die Unabhängigkeit, Weiß für die Reinheit der Religion und Rot für die Einheit des Landes. Ein knappes Jahr lang, 1822/23, war Iturbide als Augustin I. Kaiser von Mexiko, dann wurde er von seinen Mitrebellen zur Abdankung gezwungen: Mexiko wurde Republik.

Das Bild von Adler, Schlange und Kaktus befindet sich auch auf den Rückseiten der mexikanischen Münzen.

Warum wurde Erzherzog Maximilian Kaiser von Mexiko?

Weil der Staat fast bankrott war, stellte Präsident Juarez 1861 die Zinszahlungen an die ausländischen Kreditgeber ein – sofort schickte der französische Kaiser Napoleon III. ein Expeditionskorps nach Mexiko, das das ganze Land nach einem dreijährigen, erfolgreichen Krieg besetzte.
Als seinen Statthalter ernannte Napoleon den österreichischen Erzherzog Maximilian zum Kaiser von Mexiko. Eine der ersten Amtshandlungen des jungen Herrschers bestand darin, daß er zwar Adler, Kaktee, Schlange und Fels in der mexikanischen Flagge beließ, den Adler jetzt aber – ähnlich dem französischen Adler – nach rechts schauen ließ.
Wenige Jahre später erzwangen die Nordamerikaner den Abzug der Franzosen. Maximilian wurde 1867 erschossen, Juarez war wieder Präsident. Kaum war er in die Hauptstadt Tenochtitlan, inzwischen in „Ciudad de Mexico" (Stadt Mexiko) umgetauft, eingetroffen, ließ er den Adler auf der Staatsflagge wieder wie früher nach links schauen. Und so ist die mexikanische Flagge – über alle Kriegs- und politischen Wirren hinweg – bis heute geblieben.

Die Neun-Millionen-Stadt Mexico City – hier der Verkehrsknotenpunkt Zocalo-Platz bei Nacht – wurde auf den Trümmern der Azteken-Hauptstadt Tenochtitlan errichtet, die Cortez 1521 erobert und zerstört hatte. Mexico City wurde nach einem quadratischen Grundriß auf einer Insel des Texcoco-Sees gebaut.

Türkei: Ein Traum bedrohte Europa

Was bedeutet der türkische Halbmond?

Das Land liegt wie eine riesige Brücke zwischen Europa und Asien, gehört jedoch geographisch überwiegend zu Asien. Der kleine europäische Teil ist ein Überbleibsel der europäischen Länder, die einige Jahrhunderte lang zur Türkei gehörten.

Eines Nachts, so erzählt die Legende, erschien dem Sultan Osman I. (1288–1326), nach dem die Türkei früher auch „Osmanisches Reich" genannt wurde, im Traum eine Landschaft, die eine Mondsichel überspannte. Dieser Traum wurde als Befehl Allahs gedeutet, alle heidnischen Länder, ob im Westen oder Osten, zu erobern und zum Islam zu bekehren. Mit Sultan Osman I. begann die Zeit der türkischen Eroberungen, die 1683 bis vor die Tore Wiens führten.

Der Halbmond galt schon seit dem 3. Jahrhundert vor Christus in Byzanz als Symbol der Hekate, der Schutzpatronin der Stadt. Nach Einnahme von Byzanz (dem heutigen Istanbul) durch Sultan Mohammed II. im Jahr 1453 wurde der Halbmond zum Herrschafts- und Siegessymbol des Osmanischen Reiches. Zum eigentlichen Hoheitszeichen der Türkei wurde der Halbmond von Sultan Selim I. (1512–1520) erhoben. Rot gilt als die türkische Reichsfarbe. Der Stern erscheint erstmals im 18. Jahrhundert auf türkischen Flaggen als Zeichen der Einheit aller Teile des Reiches. Der Stern wird bezogen auf die 53. Sure des Korans, betitelt „Die Sterne".

Neben der Farbe Grün gilt der Halbmond (mit oder ohne Stern) als das islamische Wahrzeichen. In mohammedanischen Ländern entspricht der Rote Halbmond unserem Roten Kreuz.

Im Traum erschien dem Sultan Osman I. ein riesiger Mond, der eine weite Landschaft überspannte. Dies nahm der Sultan als Befehl Allahs, alle heidnischen Länder zum Islam zu bekehren.

Flagge der Organisation der Vereinten Nationen. Die am 20. Oktober 1947 von der Generalversammlung angenommene Flagge zeigt die Weltkarte in einer auf den Nordpol zentrierten abstandstreuen Azimutalabbildung – also in einer Sicht, die es ermöglicht, alle Länder der Erde „auf einen Blick" darzustellen –, umrahmt von zwei Ölzweigen, traditionelle Symbole des Friedens.

Die unabhängigen Staaten der Erde

Zur Zeit gehören 189 selbständige Staaten den Vereinten Nationen an. Diese Organisation, engl. *United Nations Organization,* abgekürzt UNO oder UN, ist eine Vereinigung, die sich zum Ziel gesetzt hat, den Weltfrieden zu sichern und die internationale Zusammenarbeit zu fördern. Die Organisation wurde 1945 gegründet, ihr ständiger Sitz ist New York. Ihre beiden wichtigsten Organe sind die Vollversammlung und der Sicherheitsrat.
Die Bundesrepublik Deutschland und die Deutsche Demokratische Republik traten 1973 bei; seit der Wiedervereinigung 1990 ist Deutschland „einstimmig" vertreten.
Insgesamt gibt es heute 192 unabhängige Staaten auf der Erde. Auf den folgenden Seiten werden sie, nach Erdteilen getrennt, aufgeführt. Die Zahl im Kreis vor den Ländernamen verweist auf die Zahl der Staatenkennzeichnung in den jeweiligen Erdteilkarten. Die erste Zeile unter den Flaggen gibt den betreffenden Landesnamen in deutscher Kurzform wieder, die zweite nennt die Hauptstadt, in der dritten stehen die Flächengröße und die Einwohnerzahl besagten Staates.

Europa

Flagge des Europarates
und der Europäischen
Union

Europa ist mit rund 10 Mill. km² der zweitkleinste Erdteil und gehört mit Afrika und Asien zur „Alten Welt". Mit 65 Einwohnern pro km² ist es der dichtestbesiedelte Kontinent. Die beiden Staaten Rußland und Türkei werden zwar im allgemeinen zu den europäischen Ländern gezählt, der überwiegende Teil ihrer Fläche liegt aber in Asien.

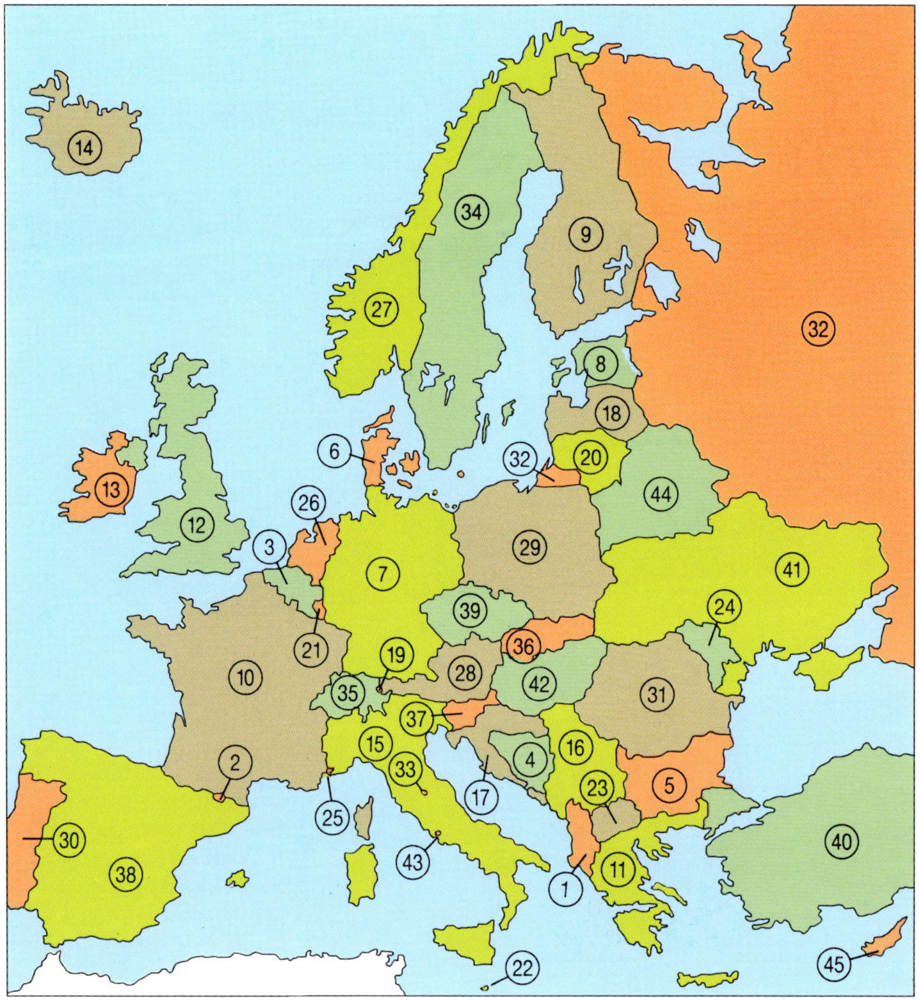

① **ALBANIEN**
Tirana
28 700 km², 3,5 Mill.

② **ANDORRA**
Andorra la Vella
453 km², 66.000

③ **BELGIEN**
Brüssel
30 500 km², 10,3 Mill.

④ **BOSNIEN-HERZEGOWINA**
Sarajevo
51 100 km², 2,4 Mill.

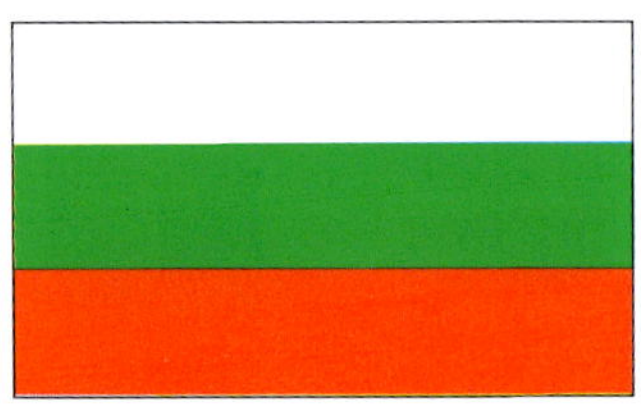

⑤ **BULGARIEN**
Sofia
111 000 km², 8,5 Mill.

⑥ **DÄNEMARK**
Kopenhagen
44 000 km², 5,4 Mill. (siehe Seite 18)

(7) **DEUTSCHLAND**
Berlin
357 000 km^2, 82,2 Mill. (siehe Seite 10)

(8) **ESTLAND**
Tallinn
45 100 km^2, 1,6 Mill.

(9) **FINNLAND**
Helsinki
337 000 km^2, 5,3 Mill.

(10) **FRANKREICH**
Paris
547 000 km^2, 59 Mill. (siehe Seite 20)

(11) **GRIECHENLAND**
Athen
132 000 km^2, 10,6 Mill.

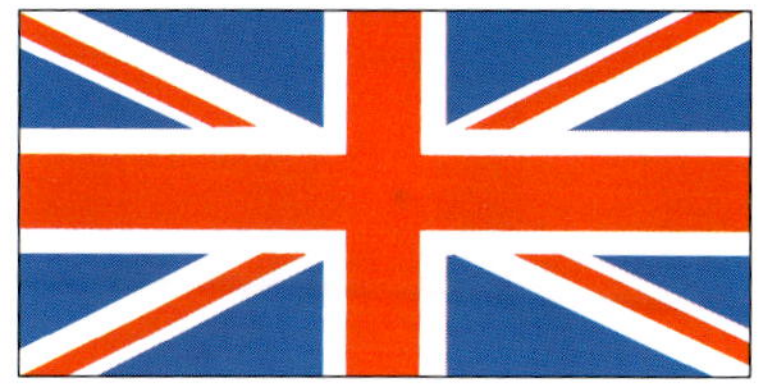

(12) **GROSSBRITANNIEN**
London
244 000 km^2, 59,2 Mill. (siehe Seite 15)

(13) **IRLAND**
Baile Atha Cliath (Dublin)
70 300 km^2, 3,7 Mill. (siehe Seite 15)

(14) **ISLAND**
Reykjavik
102 800 km^2, 272 000

(15) **ITALIEN**
Rom
301 200 km^2, 58 Mill.

(16) **JUGOSLAWIEN**
Belgrad
102 200 km^2, 10,8 Mill.

(17) **KROATIEN**
Zagreb
56 500 km^2, 4,9 Mill.

(18) **LETTLAND**
Riga
64 600 km^2, 2,6 Mill.

(19) **LIECHTENSTEIN**
Vaduz
160 km^2, 32 000

(20) **LITAUEN**
Vilnius
65 200 km^2, 3,8 Mill.

(21) **LUXEMBURG**
Luxemburg
2 586 km^2, 424 000

(22) **MALTA**
Valletta
315 km^2, 377 000

(23) **MAZEDONIEN**
Skopje
25 700 km^2, 2,2 Mill.

(24) **MOLDAU**
Chisinău
33 700 km^2, 4,5 Mill.

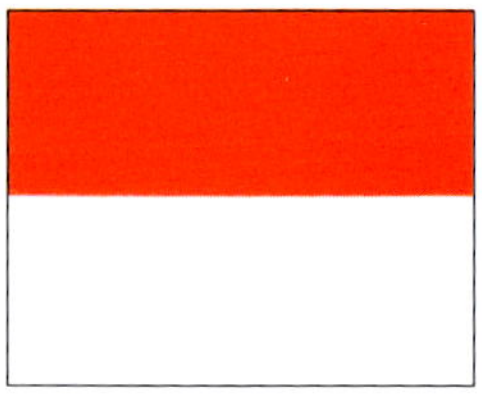

25 **MONACO**
Stadt Monaco
1,49 km², 36 000

26 **NIEDERLANDE**
Amsterdam
40 800 km², 16 Mill.

27 **NORWEGEN**
Oslo
324 000 km², 4,5 Mill.

28 **ÖSTERREICH**
Wien
83 800 km², 8,2 Mill.

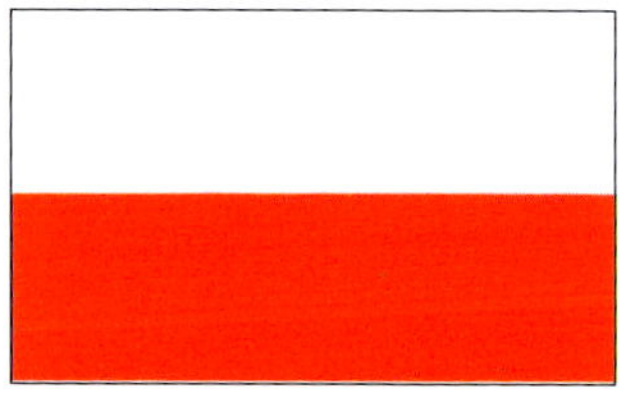

29 **POLEN**
Warschau
312 700 km², 38,9 Mill.

30 **PORTUGAL**
Lissabon
92 000 km², 10,2 Mill.

31 **RUMÄNIEN**
Bukarest
237 500 km², 22,8 Mill.

32 **RUSSISCHE FÖDERATION**
Moskau
17,08 Mill. km², 149 Mill.

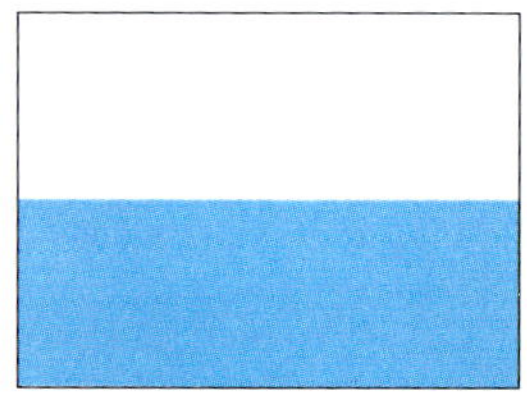

33 **SAN MARINO**
San Marino
61 km², 28 000

34 **SCHWEDEN**
Stockholm
450 000 km², 9 Mill.

35 **SCHWEIZ**
Bern
41 300 km², 7,2 Mill. (siehe Seite 22)

36 **SLOWAKEI**
Bratislava
49 000 km², 5,5 Mill.

37 **SLOWENIEN**
Ljubljana
20 250 km², 2,2 Mill.

38 **SPANIEN**
Madrid
504 000 km², 41,2 Mill.

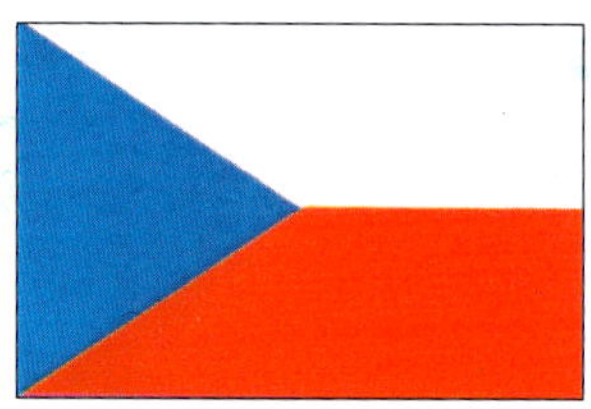

39 **TSCHECHISCHE REPUBLIK**
Prag
78 900 km², 10,5 Mill.

40 **TÜRKEI**
Ankara
780 600 km², 65 Mill. (siehe Seite 32)

41 **UKRAINE**
Kyiw (Kiew)
603 700 km², 52,2 Mill.

42 **UNGARN**
Budapest
93 000 km², 10,4 Mill.

(43) **VATIKANSTADT**
(souveränes Staatsgebiet innerhalb Roms)
0,44 km², 1000 (davon 46 Staatsbürger)

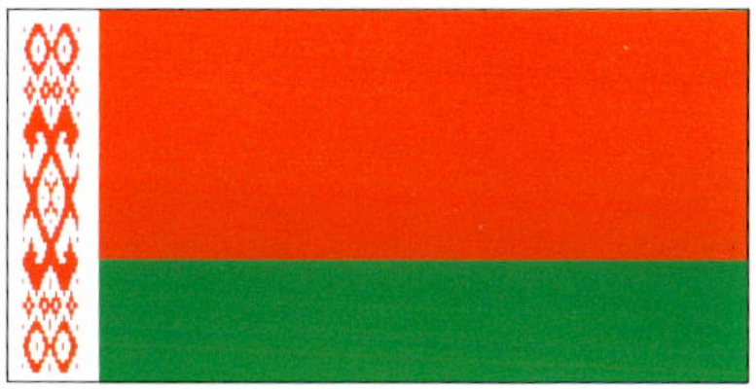

(44) **WEISSRUSSLAND**
Minsk
207 600 km², 10,4 Mill.

(45) **ZYPERN**
Nikosia
9 251 km², 736 000

Wappen und Flaggen der Bundesrepublik Deutschland und ihrer Länder

Mit wenigen Ausnahmen basieren die Wappenbilder auf heraldischen Familiensymbolen dynastischer Geschlechter. Von mehreren Länderwappen gibt es verschiedene heraldische Ausführungen: Kleine, Mittlere und Große Wappen. Die Farben der Länderflaggen leiten sich überwiegend von den Hauptfarben der Länderwappen ab. Neben den allgemeinen Länderflaggen existieren noch bestimmte Versionen für besondere Zwecke, z. B. Landesdienstflaggen. Bayern führt als einziges Bundesland zwei gleichberechtigte Landesflaggen: die weiß-blaue Streifenflagge und die gleichfarbige Rautenflagge.

Afrika

Afrika ist mit 30 Mill. km² der drittgrößte Kontinent. Sein Name wird von den Afri abgeleitet, einem Volksstamm, der früher in der Gegend von Karthago lebte. In Afrika gibt es zahllose Völker und Stämme. Im Nordteil überwiegen die hellhäutigen Araber und Berber, südlich der Sahara die dunkelhäutigen Neger. Weiße spielen nur noch in Südafrika eine politisch bestimmende Rolle, obwohl sie dort in der Minderheit sind.

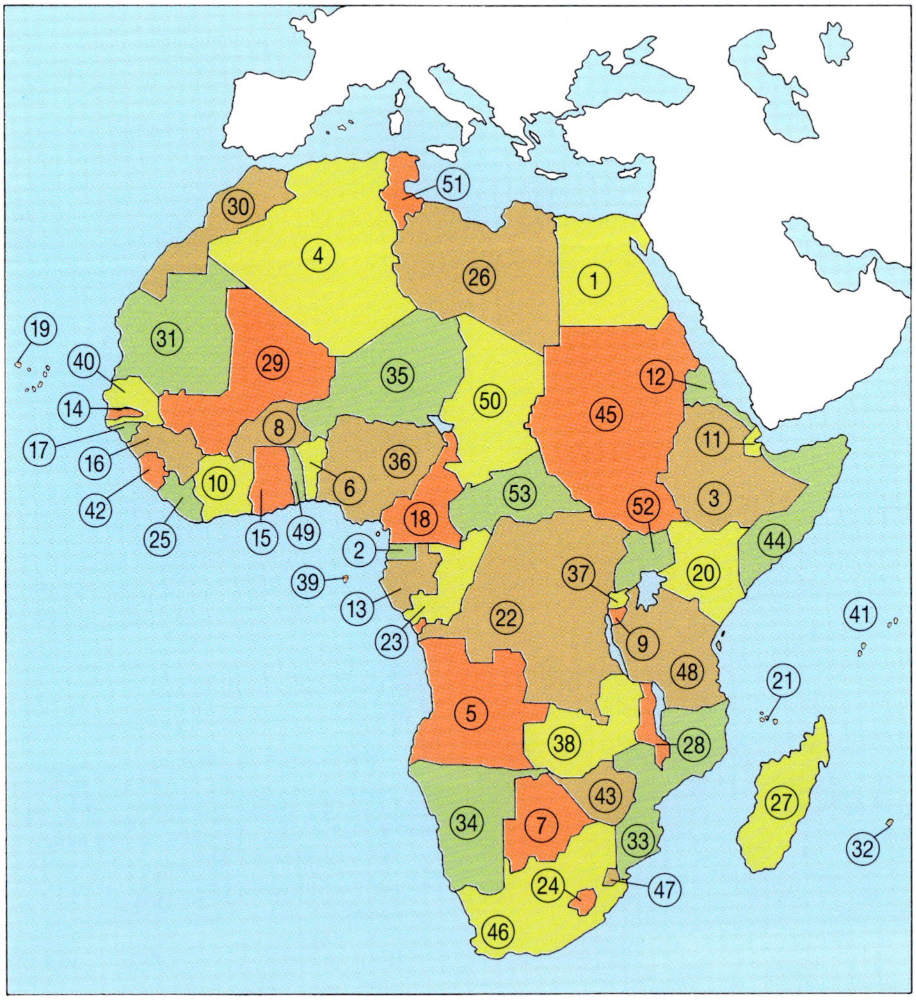

① **ÄGYPTEN**
Kairo
1 Mill. km², 62 Mill.

② **ÄQUATORIALGUINEA**
Malabo
28 000 km², 424 000

③ **ÄTHIOPIEN**
Addis Abeba
1,2 Mill. km², 60 Mill.

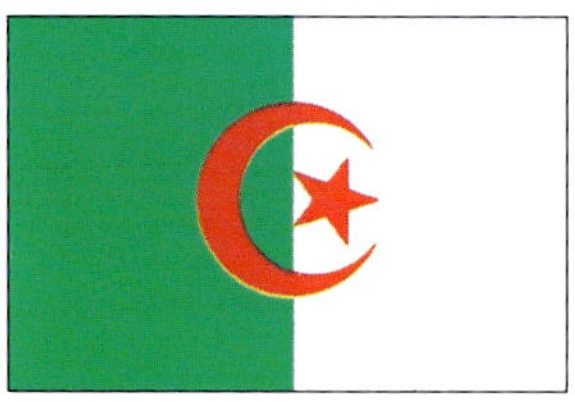

④ **ALGERIEN**
Algier
2,38 Mill. km², 30 Mill.

⑤ **ANGOLA**
Luanda
1,27 Mill. km², 12 Mill.

⑥ **BENIN**
Porto Novo
112 600 km², 5,8 Mill.

(7) **BOTSUANA**
Gaborone
600 400 km², 1,6 Mill.

(8) **BURKINA FASO**
Ouagadougou
274 200 km², 10,6 Mill.

(9) **BURUNDI**
Bujumbura
27 800 km², 6,5 Mill.

(10) **CÔTE D'IVOIRE (Elfenbeinküste)**
Yamoussoukro
322 500 km², 14,4 Mill.

(11) **DSCHIBUTI**
Dschibuti
23 200 km², 650 000

(12) **ERITREA**
Asmara
121 100 km², 3,8 Mill.

(13) **GABUN**
Libreville
267 700 km², 1,3 Mill.

(14) **GAMBIA**
Banjul
11 300 km², 1,3 Mill.

(15) **GHANA**
Accra
238 500 km², 19 Mill.

(16) **GUINEA**
Conakry
245 800 km², 7,3 Mill.

(17) **GUINEA-BISSAU**
Bissau
36 100 km², 1,2 Mill.

(18) **KAMERUN**
Yaoundé
475 400 km², 14,3 Mill.

(19) **KAP VERDE**
Praia
4 000 km², 402 000

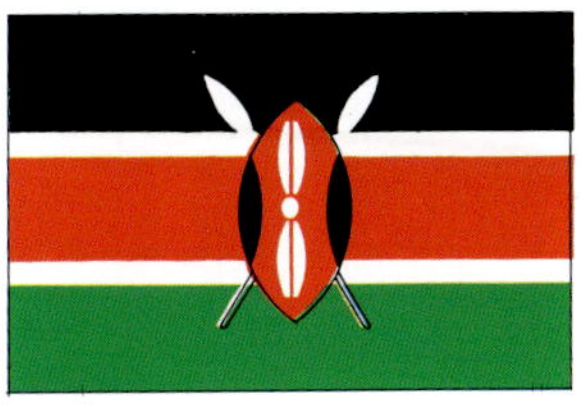

(20) **KENIA**
Nairobi
583 600 km², 29 Mill.

(21) **KOMOREN**
Moroni
1 800 km², 520 000

(22) **KONGO, Dem. Rep.**
Kinshasa
2,34 Mill. km², 48 Mill.

(23) **KONGO, Rep.**
Brazzaville
342 000 km², 3 Mill.

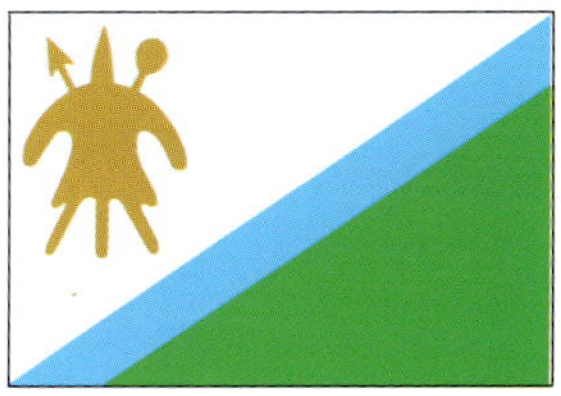

(24) **LESOTHO**
Maseru
30 300 km² 2,3 Mill.

(25) **LIBERIA**
Monrovia
111 400 km^2, 3 Mill.

(26) **LIBYEN**
Tripolis
1,79 Mill. km^2, 5,5 Mill.

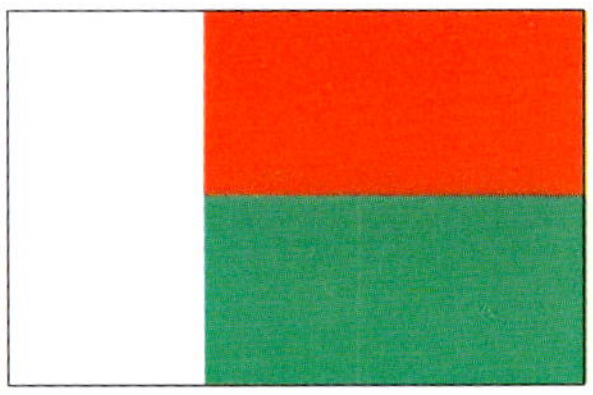

(27) **MADAGASKAR**
Antananarivo
587 000 km^2, 14,3 Mill.

(28) **MALAWI**
Lilongwe
118 500 km^2, 10,4 Mill.

(29) **MALI**
Bamako
1,2 Mill. km^2, 10,4 Mill.

(30) **MAROKKO**
Rabat
710 850 km^2, 28 Mill.

(31) **MAURETANIEN**
Nuakchott
1 Mill. km^2, 2,6 Mill.

(32) **MAURITIUS**
Port Louis
2 045 km^2, 1,4 Mill.

(33) **MOSAMBIK**
Maputo
799 400 km^2, 17,1 Mill.

(34) **NAMIBIA**
Windhoek
823 100 km^2, 1,8 Mill.

(35) **NIGER**
Niamey
1,27 Mill. km^2, 10 Mill.

(36) **NIGERIA**
Abuja
923 800 km^2, 119 Mill.

(37) **RUANDA**
Kigali
26 300 km^2, 8 Mill.

(38) **SAMBIA**
Lusaka
752 600 km^2, 9,6 Mill.

(39) **SÃO TOMÉ UND PRÍNCIPE**
São Tomé
964 km^2, 140 000

(40) **SENEGAL**
Dakar
196 200 km^2, 9 Mill.

(41) **SEYCHELLEN**
Victoria
404 km^2, 80 000

(42) **SIERRA LEONE**
Freetown
71 700 km^2, 4,9 Mill.

(43) **SIMBABWE**
Harare
390 600 km², 11,6 Mill.

(44) **SOMALIA**
Mogadiscio
637 000 km², 9,2 Mill.

(45) **SUDAN**
Khartoum
2,5 Mill. km², 28 Mill.

(46) **SÜDAFRIKA**
Pretoria (Regierungssitz)
1,12 Mill. km², 42 Mill.

(47) **SWASILAND**
Mbabane
17 300 km², 1,1 Mill.

(48) **TANSANIA**
Dodoma
945 000 km², 31,5 Mill.

(49) **TOGO**
Lomé
56 000 km², 4,5 Mill.

(50) **TSCHAD**
N'Djaména
1,28 Mill. km², 7,3 Mill.

(51) **TUNESIEN**
Tunis
164 100 km², 10 Mill.

(52) **UGANDA**
Kampala
236 000 km², 20,5 Mill.

(53) **ZENTRALAFRIKANISCHE REPUBLIK**
Bangui
623 000 km², 3,6 Mill.

Amerika

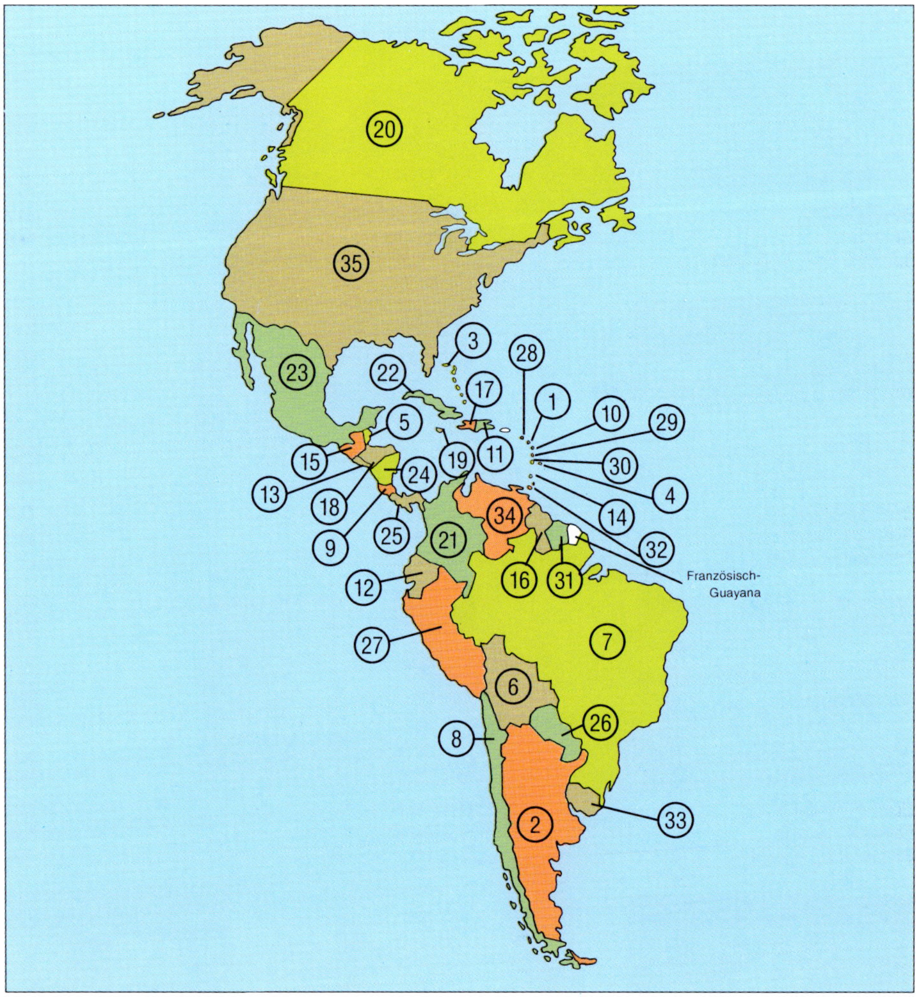

Amerika ist 42,3 Mill. km² groß und besteht aus den beiden Halbkontinenten Nord- und Südamerika, die sich über 14 500 km zwischen Pazifik und Atlantik erstrecken. Sie sind durch die Land- und Inselbrücken Mittelamerikas miteinander verbunden. Nordamerika wird heute vor allem von Weißen und Negern bewohnt, die indianische Urbevölkerung wurde dort fast völlig vernichtet. In Südamerika überwiegt in weiten Teilen eine europäisch-indianische Mischbevölkerung.

① **ANTIGUA UND BARBUDA**
St. John's
452 km², 70 000

② **ARGENTINIEN**
Buenos Aires
2,8 Mill. km², 38 Mill.

③ **BAHAMAS**
Nassau
14 000 km², 292 000

④ **BARBADOS**
Bridgetown
431 km², 271 000

⑤ **BELIZE**
Belmopan
23 000 km², 240 000

⑥ **BOLIVIEN**
Sucre (lt. Verfassung), **La Paz** (tatsächlich)
1,1 Mill. km², 7,9 Mill.

(7) **BRASILIEN**
Brasilia
8,5 Mill. km², 165 Mill.

(8) **CHILE**
Santiago de Chile
757 000 km², 14,8 Mill.

(9) **COSTA RICA**
San José
50 700 km², 3,6 Mill.

(10) **DOMINICA**
Roseau
751 km², 77 000

(11) **DOMINIKANISCHE REPUBLIK**
Santo Domingo
48 700 km², 8,3 Mill.

(12) **ECUADOR**
Quito
283 500 km², 12,3 Mill.

(13) **EL SALVADOR**
San Salvador
21 000 km², 6,2 Mill.

(14) **GRENADA**
St. George's
344 km², 100 000

(15) **GUATEMALA**
Ciudad de Guatemala
109 000 km², 10,9 Mill.

(16) **GUYANA**
Georgetown
215 000 km², 900 000

(17) **HAITI**
Port-au-Prince
27 500 km², 7,7 Mill.

(18) **HONDURAS**
Tegucigalpa
112 000 km², 6,2 Mill.

(19) **JAMAIKA**
Kingston
11 000 km², 2,8 Mill.

(20) **KANADA**
Ottawa
9,9 Mill. km², 30,6 Mill. (siehe Seite 27)

(21) **KOLUMBIEN**
Bogotá
1,1 Mill. km², 40,2 Mill.

(22) **KUBA**
La Habana (Havanna)
114 500 km², 11,3 Mill.

(23) **MEXIKO**
Ciudad de México
1,9 Mill. km², 95 Mill. (siehe Seite 29)

(24) **NICARAGUA**
Managua
130 000 km², 4,9 Mill.

(25) **PANAMA**
Ciudad de Panamá
75 600 km², 2,9 Mill.

(26) **PARAGUAY**
Asunción
406 700 km², 5,3 Mill.

(27) **PERU**
Lima
1,28 Mill. km², 24,7 Mill.

(28) **ST. KITTS UND NEVIS**
Basseterre
262 km², 45 000

(29) **ST. LUCIA**
Castries
616 km², 163 000

(30) **ST. VINCENT UND DIE GRENADINEN**
Kingstown
389 km², 115 000

(31) **SURINAME**
Paramaribo
163 000 km², 417 000

(32) **TRINIDAD UND TOBAGO**
Port of Spain
5 100 km², 1,5 Mill.

(33) **URUGUAY**
Montevideo
177 500 km², 3,5 Mill.

(34) **VENEZUELA**
Caracas
912 000 km², 23 Mill.

(35) **VEREINIGTE STAATEN VON AMERIKA**
Washington, D.C.
9,3 Mill. km², 270 Mill. (siehe Seite 24)

Asien

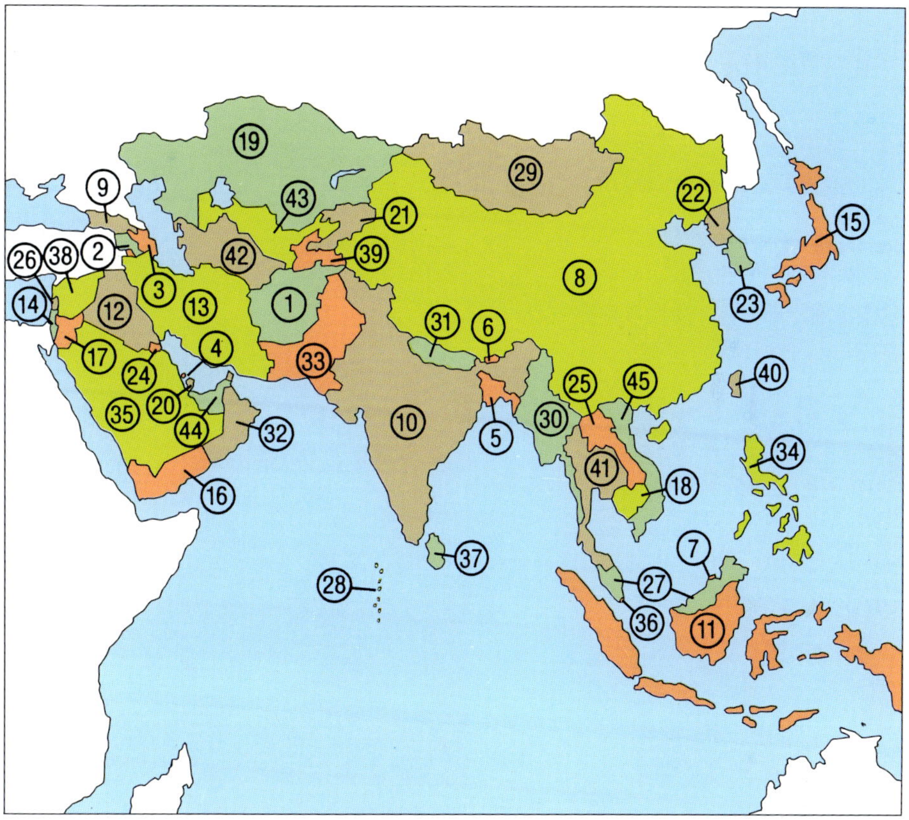

Asien ist mit 44 Mill. km² der größte Erdteil. Da es von Europa aus erst im Laufe vieler Jahrhunderte entdeckt und erforscht wurde, wird es heute als von Europa getrennter, eigener Erdteil behandelt. Geographen ziehen die Grenze zwischen den beiden Erdteilen am Uralgebirge, entlang des Uralflusses und nördlich vom Kaukasus.

① **AFGHANISTAN**
Kabul
647 500 km², 26 Mill.

② **ARMENIEN**
Eriwan
29 800 km², 4 Mill.

③ **ASERBAIDSCHAN**
Baku
86 600 km², 7,8 Mill.

④ **BAHRAIN**
Manama
670 km², 625 000

⑤ **BANGLADESCH**
Dhaka
144 000 km², 125 Mill.

⑥ **BHUTAN**
Thimbu
47 000 km², 1,9 Mill.

⑦ **BRUNEI DARUSSALAM**
Bandar Seri Begawan
5 700 km², 310 000

⑧ **CHINA (Volksrepublik)**
Beijing (Peking)
9,56 Mill. km², 1,4 Mrd.

⑨ **GEORGIEN**
Tbilissi (Tiflis)
69 700 km², 5,7 Mill.

⑩ **INDIEN**
Neu Delhi
3,3 Mill. km², 1,1 Mrd.

⑪ **INDONESIEN**
Jakarta Raya
1,9 Mill. km², 203 Mill.

⑫ **IRAK**
Bagdad
438 400 km², 22 Mill.

⑬ **IRAN**
Teheran
1,64 Mill. km², 63 Mill.

⑭ **ISRAEL**
Jerusalem
20 770 km², 6 Mill.

⑮ **JAPAN**
Tokio
372 300 km², 128 Mill.

⑯ **JEMEN**
Sanaa
482 000 km², 16,3 Mill.

⑰ **JORDANIEN**
Amman
97 000 km², 4,7 Mill.

⑱ **KAMBODSCHA**
Phnom Penh
181 000 km², 10,6 Mill.

⑲ **KASACHSTAN**
Astana
2,7 Mill. km², 16 Mill.

⑳ **KATAR**
Doha
11 000 km², 730 000

㉑ **KIRGISISTAN**
Bischkek
198 500 km², 4,8 Mill.

㉒ **KOREA (Nord)**
Pjöngjang
120 500 km², 24,5 Mill.

㉓ **KOREA (Süd)**
Seoul
98 500 km², 46,3 Mill.

㉔ **KUWAIT**
Kuwait
17 800 km², 2 Mill.

㉕ **LAOS**
Vientiane
236 800 km², 5,2 Mill.

㉖ **LIBANON**
Beirut
10 400 km², 4,3 Mill.

㉗ **MALAYSIA**
Kuala Lumpur
329 800 km², 22 Mill.

28 **MALEDIVEN**
Malé
298 km², 261 000

29 **MONGOLEI**
Ulan Bator
1,5 Mill. km², 2,7 Mill.

30 **MYANMAR**
Yangon
676 500 km², 45,3 Mill.

31 **NEPAL**
Katmandu
14 800 km², 22,5 Mill.

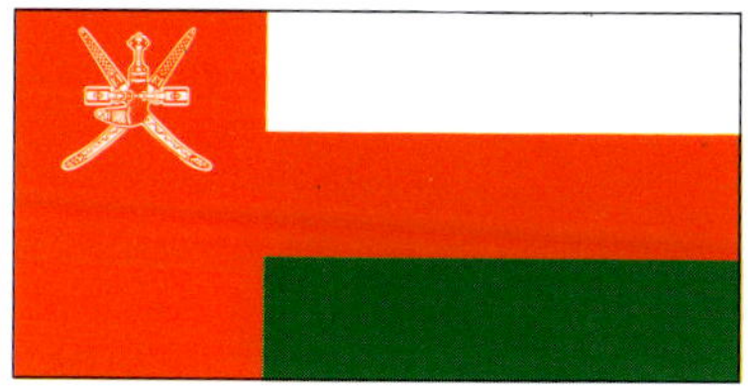

32 **OMAN**
Maskat
212 400 km², 2,5 Mill.

33 **PAKISTAN**
Islamabad
804 000 km², 131 Mill.

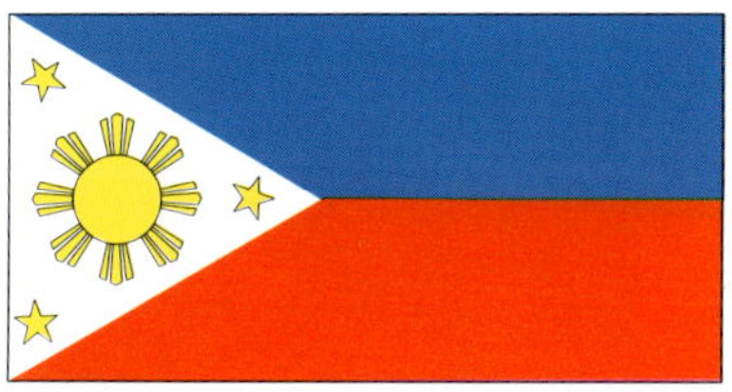

34 **PHILIPPINEN**
Manila
300 000 km², 75 Mill.

35 **SAUDI-ARABIEN**
Er Rijad
2,15 Mill. km², 21 Mill.

36 **SINGAPUR**
Singapur
581 km², 3,3 Mill.

37 **SRI LANKA**
Colombo
65 600 km², 18,7 Mill.

38 **SYRIEN**
Damaskus
185 200 km², 15,1 Mill.

39 **TADSCHIKISTAN**
Duschanbe
143 100 km², 8,2 Mill.

40 **TAIWAN**
Taibei (Taipeh)
36 200 km², 21,9 Mill.

41 **THAILAND**
Bangkok
514 000 km², 60,3 Mill.

42 **TURKMENISTAN**
Aschgabat
488 100 km², 4,9 Mill.

43 **USBEKISTAN**
Taschkent
447 400 km², 23,9 Mill.

44 **VEREINIGTE ARABISCHE EMIRATE**
Abu Dhabi
83 600 km², 2,7 Mill.

45 **VIETNAM**
Hanoi
332 500 km², 77 Mill.

Australien und Ozeanien

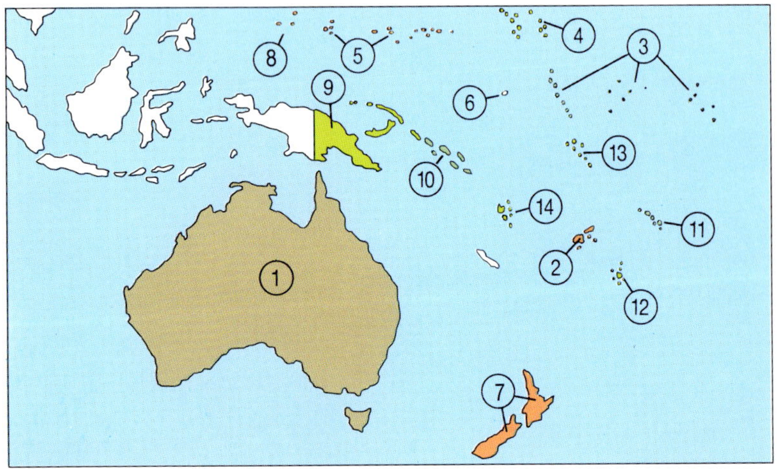

Australien ist der kleinste Erdteil, zugleich auch der einzige, dessen gesamtes Gebiet zu einem Staat gehört. Umgangssprachlich rechnet man zu Australien auch Neuseeland und Ozeanien. Australien und Neuseeland werden fast ausschließlich von Weißen bewohnt, die überwiegend in Städten leben; auf den Inseln Ozeaniens leben Angehörige vieler Rassen und Stämme.

① **AUSTRALIEN**
Canberra
7,68 Mill. km², 18,8 Mill.

② **FIDSCHI**
Suva
18300 km², 850 000

③ **KIRIBATI**
Bairiki
900 km², 85 000

④ **MARSCHALLINSELN**
Uliga
181 km², 63 000

⑤ **MIKRONESIEN**
Palikir
702 km², 113 000

⑥ **NAURU**
Yaren
21,4 km², 13 000

⑦ **NEUSEELAND**
Wellington
269 000 km², 3,9 Mill.

⑧ **PALAU**
Koror
508 km², 19 000

⑨ **PAPUA-NEUGUINEA**
Port Moresby
462 000 km², 4,7 Mill.

⑩ **SALOMONEN**
Honiara
29 000 km², 410 000

⑪ **SAMOA (West-Samoa)**
Apia
2 800 km², 175 000

⑫ **TONGA**
Nuku'alofa
700 km², 111 000

⑬ **TUVALU**
Funafuti
24,6 km², 13 000

⑭ **VANUATU**
Vila
14 800 km², 180 000

WAS IST WAS
BAND 79
Moderne Physik
Tessloff

WAS IST WAS
BAND 80
Tiere wie sie sehen, hören und fühlen
Tessloff

WAS IST WAS
BAND 81
Die Sieben Weltwunder
Tessloff

WAS IST WAS
BAND 82
Gladiatoren
Tessloff

WAS IST WAS
BAND 83
Höhlen
Tessloff
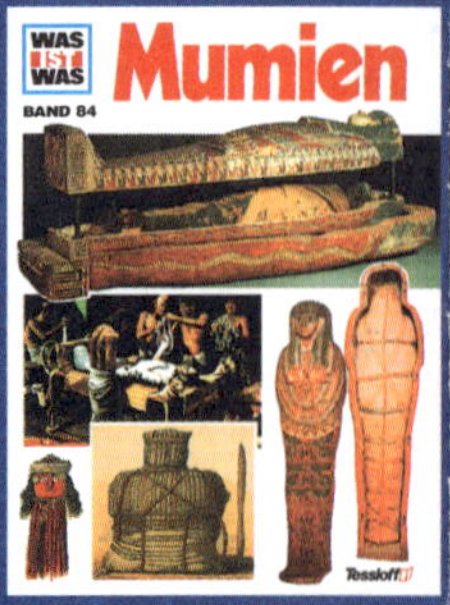
WAS IST WAS
BAND 84
Mumien
Tessloff

WAS IST WAS
BAND 92
Papageien und Sittiche
Tessloff

WAS IST WAS
BAND 93
Olympia
Vom Altertum bis zur Neuzeit
Tessloff

WAS IST WAS
BAND 94
SAMURAI
Ritter des Fernen Ostens
Tessloff

WAS IST WAS
BAND 95
Haie und Rochen
Tessloff

WAS IST WAS
BAND 96
Schatzsuche
Verschollene und gefundene Schätze
Tessloff

WAS IST WAS
BAND 97
Hexen und Hexenwahn
Tessloff

WAS IST WAS
BAND 104
Wölfe
Tessloff

WAS IST WAS
BAND 105
Weltreligionen
Tessloff

WAS IST WAS
BAND 106
Burgen

WAS IST WAS
BAND 107
Pinguine
Tessloff
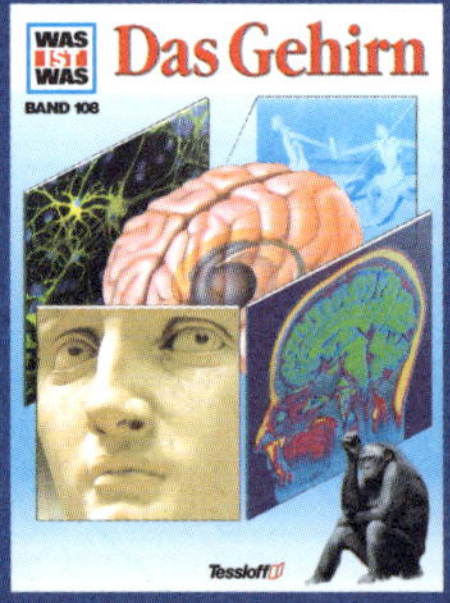
WAS IST WAS
BAND 108
Das Gehirn
Tessloff

WAS IST WAS
BAND 109
Das alte China
Tessloff